Positive Psychology Workbook
for Happiness Exercise

행복연습을 위한 긍정심리

| 워크북 |

배제현 저

dm 동문사

"세상에 중요한 일치고
훈련이나 연습 없이 될 수 있는 일은 하나도 없다"

-Dallas A. Willard-

들어가는 말

Prologue

최근 삶의 질의 향상에 따라 행복에 대한 관심이 급증하면서 행복과 관련된 교육과 긍정심리학에 관한 과학적인 연구(Seligman, 2002; 구자영 · 서은국, 2007; 최인철, 2007; 고영미, 2010; 임영진, 2010; 배제현, 2013; 정동섭, 2016)가 활발하게 일어나고 있으며, 하버드를 비롯한 세계 유수의 대학과 고등학교에서는 '행복학'을 교과과정으로 편성하여 학생들에게 행복을 가르치고 있다. 이는 외적으로 성공한 삶을 준비하는 것보다 내적으로 행복감을 느끼는 삶이 학생 개개인의 인생에 더 중요하다는 것을 깨닫게 하기 위함이다. 호가드(Hoggard, 2005)에 의하면 행복에 대한 다양한 실험과 연구를 통하여 행복감은 교육과 연습을 통하여 향상될 수 있는 '삶의 습관'이라는 것이 밝혀지고 있으므로, 대학생들에게 행복과 관련한 교육과 연습의 기회를 제공함으로써 행복을 증진시켜야 하겠다는 교육적 책임이 요청되고 있다.

이 책의 목적은 최근 심리학계에서 인정받고 있는 행복증진을 위한 긍정심리학(Seligman, 2002)을 소개하고, 그 원리와 기술을 학생들에게 적용하여 학생들이 가지고 있는 강점을 탐색하게 하며 즐거운 삶과 적극적인 삶, 의미 있는 삶을 회복하게 함으로써 행복감을 증진케 하고자 하는 것이다. 이 책의 제목을「행복연습을 위한 긍정심리 워크북」이라고 이름을 붙인 것은 이 책을 읽는 독자들이 자신의 행복을 위해 자신의 삶을 돌아보고 자신의 이야기를 직접 기록하도록 구성되어있기 때문이다. 지금까지 이 수업을 들은 많은 학생들이 보고하는 것처럼, 이 책을 읽는 것 그리고 행복연습이라는 수업시간을 경험하는 것만으로도 이미 여러분들은 행복의 문으로 첫 발을 내디딘 축복받은 사람이라 여겨진다. 이 책에 소개된 학생들의 사례는 이 책을 읽는 사람들의 행복증진을 위해 학생들이 수록을 동의한 내용임을 밝힌다.

「행복연습을 위한 긍정심리 워크북」은 필자가 2012년에 개발한 긍정심리강화프로그램을 6년간 실시하며 수정 · 보완해 온 것으로, 인성계발을 목적으로 한 교양과목이나 인간관계의 실제와 같은 유사과목의 교재 또는 인성강화프로그램의 워크북으로 활용할 수 있을 것이다. 프로그램 매 회기 앞의 준비물은 소집단 수업을 위한 자료로, 과목이나 프로그램의 성격에 따라 참고하면 될 것이다.

이 책을 만드는 데 도움을 주신 분들이 많다. 행복연습과 상담이야기를 쓸 수 있도록 영감을 준 가정과 학교와 상담현장에서 만난 내담자와 학생들에게 감사를 드린다. 상담의 길로 인도해주신 故 이형득 교수님께 깊은 존경과 감사를 드린다. 이형득 교수님은 계명대학교 교육학과의 은사와 제자로, 상담현장의 자문가와 실무자로, 만남의 교회 목회자와 성도로, 결혼 주례자로 필자의 삶을 이끌어 주셨다. 상담현장에서 잔잔한 미소로 늘 격려해주시던 前 대구광역시청소년종합상담실 곽정웅 원장님의 사랑과 배려도 잊을 수 없다. 학교와 상담현장을 오가는 남편으로 인해 함께 하는 시간을 많이 갖지 못했음에도 불구하고 전폭적 후원자가 되어 준 아내와 딸의 지지와 사랑이 무척 고맙다. 필자와 필자의 가정을 위해 권면과 기도로 후원해주신 호주 브리즈번의 지태영 목사님과 대구 대일교회 윤길창 원로 목사님, 하이패밀리의 송길원 목사님 그리고 창신대학교 강병도 이사장님의 격려와 사랑에 감사를 드린다.

특히, 인생의 푸른 초장과 오솔길 모두에서 끝까지 손을 잡아주시며 지금까지 함께 해주신 필자의 영원한 카운슬러 하나님께 감사를 드린다.

마지막으로 이 책의 출간을 기꺼이 허락해주신 동문사 이중수 사장님과 이 책의 원고를 읽기 좋게 다듬어주신 임예은 선생님께도 감사를 드린다. 「행복연습을 위한 긍정심리 워크북」을 통해 행복을 연습함으로써 우리의 가정과 학교와 사회의 모든 관계들이 건강해지고 행복으로 영글어져 가기를 소망해본다.

2019년 1월
창원 팔용산 자락
창신대학교 학생상담센터에서
배제현

차 례

CONTENTS

행복과 긍정심리학

LOVE

누구나 일생 동안 정신적 안정 상태인 정신건강을 유지하며 만족스럽고 행복하게 살아가기를 바란다. 행복은 모든 이가 꿈꾸는 최상의 삶의 상태이다. 행복의 의미에 대해 국어사전을 찾아보면, 행복(幸福)이란 '생활에서 기쁨과 만족감을 느껴 흐뭇한 상태'인 것을 말한다. 그래서 심리학자들은 "무엇이 인간의 행복을 보장하는가?"에 대해 과학적으로 연구하기 시작했다. 1980년대 중반부터 나타나기 시작한 '행복연구'의 본격적인 흐름, 이 흐름이 바로 긍정심리학의 모체인 것이다.

하버드를 비롯한 세계 유수의 대학과 고등학교에서는 '행복학'을 교과과정으로 편성하여 학생들에게 행복을 가르치고 있다. 외적으로 성공적 삶을 준비하는 것보다 내적으로 행복감을 느끼는 삶이 개개인의 인생에 더 중요하다는 것을 깨닫게 하기 위함이다.

행복감은 교육과 연습을 통하여 향상될 수 있는 '삶의 습관'이다. 그러므로 인생의 제 2막을 맞이한 대학생들에게 행복교육과 연습의 기회를 제공할 필요가 제기된다.

긍정심리학은 행복을 비롯한 인간의 긍정적인 측면을 과학적이고 체계적인 방법으로 탐구하는 새로운 학문 분야로 주목받고 있다. 긍정심리학의 창시자라 할 수 있는 셀리그만(Seligman, 1998)은 심리학이란 인간의 약점과 장애에 대한 학문만이 아니라, 인간의 강점과 덕성에 대한 학문이기도 해야 한다면서 진정한 치료는 손상된 것을 고치는 것 외에 우리 안에 있는 최선의 가능성을 이끌어 내는 것이어야 한다고 제안하였는데, 이러한 심리학의 새로운 방향을 '긍정심리학'이라 한다.

행복에 대해 역사적으로 내려오는 2가지의 관점이 있다. 하나는 '쾌락주의 관점'으로 행복감, 즐거움, 만족감 등 긍정적 정서를 자주 강하게 경험하며 우울, 슬픔, 질투 등의 부정적 정서를 상대적으로 적게 경험할 때 행복하다고 보는 것이고, 또 다른 하나는 '자아실현적 관점'으로 개인의 강점을 계발하고 잠재능력을 최대한 발휘하는 생활을 행복하다고 보는 것이다.

이러한 행복연구의 전제, 즉 긍정심리학에서 보는 행복에 대한 연구는 세 가지 전제로부터 시작된다. 첫째로 행복은 제3자의 시각이나 잣대가 아니라, 주관적 생각이나 느낌으로 그 수준이 판단되어야 한다는 것이다. 둘째는 행복이란 삶의 부정적 요소가 없음을 뜻하는 것이 아니라, 부정적 측면에 비해서 긍정적 측면이 더 많음을 가리키는 것이다. 마지막으로 행복은 삶의 질에 대한 전반적인 평가에서 생기며 결코 돈이나 명예, 권력, 건강과 같은 외부적· 물질적 조건에 의해서만 결정되는 것이 아니라는 것이다.

결론적으로 긍정심리학의 관점에서 "진정한 행복"은 개인의 강점을 파악하고 계발하여 일과 사랑, 자녀양육, 여가활동이라는 삶의 현장에 활용함으로써 실현된다고 한다.

긍정심리학의 창시자 마틴 셀리그먼(Martin Seligman)은 새로 발전된 행복이론을 발표하면서, 긍정심리학의 새로운 주제는 웰빙(well-being)이고, 목표는 플로리시(flourish: 만개 혹은 번성)라고 주장하였다. 심리적 웰빙과 행복에 대한 과학적 이론으로 셀리그만은 다섯 가지의 핵심요소로 이루어진 「The PERMA Model」을 제시하고 있다. 첫째로는 웰빙의 초석 중 하나인 '긍정적 인 감정'(Positive Emotion)으로 친절, 감사, 희망, 만족은 모두 '즐거운 삶'에 기여하는 긍정적 인 감정이다. 둘째는 웰빙의 요소인 '몰입'(Engagement)으로 참여도를 의미한다. 몰입 혹은 참여도는 시간과 자의식이 멈추는 것처럼 보이는 현재의 일에 의해 완전히 어떤 흐름 속에서 흡수되는 것에 관한 것이다. 셋째는 웰빙의 중요한 부분인 '관계'(Relationships)로 강한 긍정적 관계를 유지하는 사람들이 일반적으로 인생에서 더 행복하다는 것인데, 왜냐하면 우리는 서로 연결해야 하는 "사회적 존재"이기 때문이다. 넷째는 자기 자신보다 더 큰 원인을 제공하는 인생에서의 '의미'(Meaning)로 웰빙에 대한 느낌을 가지려면 인생에서 목적을 찾는 것이 필수적이며, 애타주의와 자선은 의미 있는 삶을 수립하는 좋은 방법이다. 마지막 다섯 번째는 '성취'(Achievement) 혹은 성취감으로 목표를 갖고 그 목표를 달성하면 웰빙이 향상되고 번영할 수 있다는 것이다.

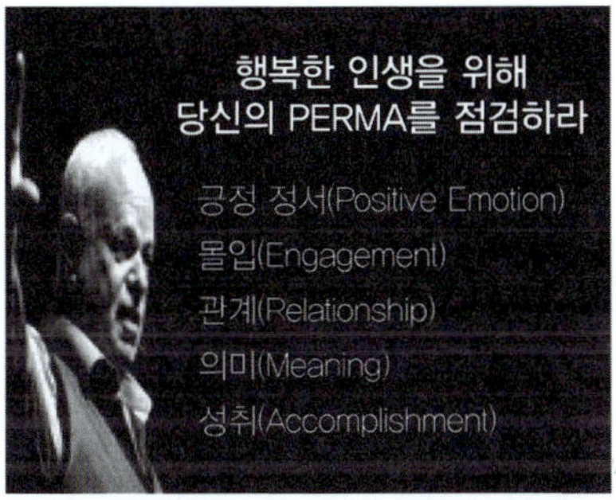

행복의 과학적 이론 / SELIGMAN

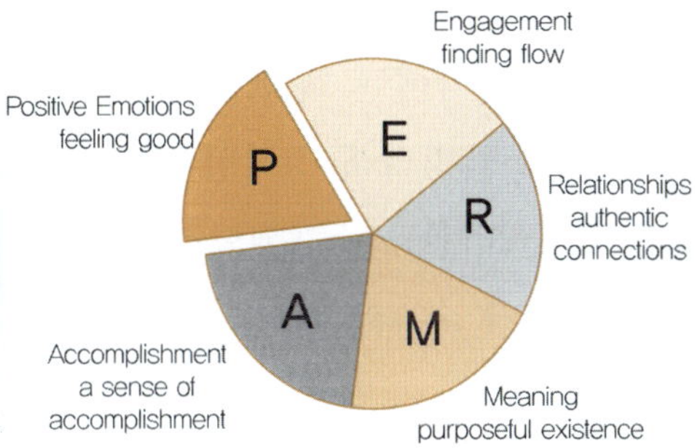

The PERMA Model

행복연습프로그램이란?

행복연습프로그램은 '긍정심리학'을 기초로 하고 있다. 긍정심리학은 심리학계에서 비교적 새로운, 태어난 지 20여년 정도 된 영역이다. 긍정심리학은 사람들의 약점 혹은 나쁜 점보다는 강점 혹은 좋은 점에 대한 과학 연구에 치중한다. 거기에는 희망, 행복, 강점, 회복탄력성, 용기, 그 밖에 인간의 행동과 웰빙의 긍정적인 면에 대한 연구가 포함된다. '긍정심리학 코칭기술'(2011)에 소개되어 있는 긍정심리학의 요약(20~21쪽)을 이곳에 인용하여 소개하고자 한다.

1. 긍정심리학은 사람들의 좋은 면을 주시하고 그들이 최상의 상태에 이른 순간에 초점을 맞추며 개인과 집단의 웰빙에 관심을 갖는다.
2. 긍정심리학은 부정성을 폄하하면서 긍정적 정서에만 초점을 맞추지는 않는다. 긍정심리학은 인생의 중요하고도 자연스러운 면인 부정적 정서, 실패, 문제, 그 밖의 불쾌한 현상을 인정한다.
3. 무엇보다 긍정심리학은 과학이다. 따라서 증거, 척도, 검증에 치중한다. 긍정심리학은 또한 응용과학이다. 따라서 긍정심리학 연

구 결과를 토대로 학교, 기업, 정부, 개인적 삶과 사회적 삶의 여러 가지 측면을 개선시킬 심리학적 개입을 창안할 수 있다.

4. 긍정심리학자들이 창안한 개입은 주로 긍정적인 개입이다. 긍정적 개입은 고통을 완화하거나 개인의 낮은 기능 수준을 정상수준으로 회복시키는 것이 아니라, 더 우수한 수준으로 높이는 것에 초점을 맞춘다. 긍정심리학자들은 그런 개입의 도움으로 내담자가 +3에서 +5로 올라갔다는 표현을 흔히 사용한다.

〈행복연습프로그램의 내용〉

회 기	제 목	목 표
1	프로그램 소개	프로그램의 목적과 활동에 대한 이해 및 관계형성
2	신뢰감 형성하기	집단구성원에 대한 신뢰감 형성과 자신의 긍정적 자산 확인
3	마음의 근력 키우기	회복탄력성의 강화
4	긍정적 자기인식	대표 강점과 긍정적 정서의 함양
5	용서하기 I	용서와 분노의 관계를 찾고 용서하기를 결심하기
6	용서하기 II	용서를 통한 부정적 감정의 해소
7	감사하기	감사의 영향력 이해와 실천
8	사랑과 친밀감 증진하기	고유한 사랑의 언어탐색과 적극적 · 창의적인 반응으로 사랑과 친밀감 증진
9	긍정대화법 I	의사소통 시 듣기와 말하기의 중요성과 상대방을 배려하는 공감을 연습
10	긍정대화법 II	긍정대화법 연습을 통한 효과적인 의사소통의 증진
11	향유 및 음미하기	생활 속 즐거움 자각과 대표강점 활용을 통한 친절성 배양
12	충만한 삶 살아가기	진정한 행복의 의미 발견과 긍정적 자기 인식을 통한 방향 설정
13	새로운 나	행복수업을 통해 달라진 자신의 모습 탐색하기

지면특강

콤플렉스가 있습니까?

LOVE

Happy Practice

지면 특강 콤플렉스가 있습니까?

1996년 겨울 MBC 코미디 대상을 수상한 김국진이 1997년 초 수상자 인터뷰 차 방송시간에 초대 손님으로 나온 적이 있었다. 그때 진행자는 김국진씨에 대한 여러 자료를 찾던 중 '혀 짧은 도마뱀'이라는 별칭을 갖고 있음을 발견하고는 짧은 혀로 인해 더듬거리는 말로 대인관계가 어려울 텐데 어떻게 많은 사람을 웃기고 울리는 코미디언이 되었는지 이해가 되지 않는다며 궁금한 표정으로 질문하였다. 그러자 김국진씨는 짧은 발음밖에 들리지 않는 어눌한 소리로 인해 초·중·고등학교 시절 심한 열등감에 빠져 고민한 적이 있었지만, '코미디 대상'을 수상한 지금은 그것이 콤플렉스가 아니라 자산(資産)이며, 경쟁 시대에서 살아남기 위한 가장 쓸모있는 무기가 되었다고 고백하였다. 김국진의 그러한 고백을 들으며 박사과정 때인 어느 날, 수업 중 한 교수님께서 해주셨던 시골에서 자란 교수님 자신의 어린 시절에 겪은 콤플렉스에 대한 이야기가 문득 떠올랐다.

13 문화·생활

"여보세요…「혀짧은 도마

김국진

어눌한 짧은 발음

콤플렉스가 최고무기로

그 교수님께서는 보통 사람보다 입이 조금 앞으로 나와 있었는데, 초등학교 4학년 여름방학 직전 곁에 있던 한 친구가 갑자기 입이 튀어나왔다며 '주둥이'라고 놀리기 시작했다는 것이다. 그러자 함께 있던 친구들이 모두 박장대소하며 그날부터 '주둥이'라는 별칭으로 부르기 시작했다고 한다. 너무나 듣기 싫었지만 어쩔 수 없었는데, 어느 날부터 아이들이 머리를 툭툭 치고 지나면서 주둥이를 잡아넣지 않으면 때리겠다며 괴롭혔다는 것이다. 처음에는 장난으로 시작한 것이었는데, 며칠 지나자 많은 아이들이 때리기 시작하였고 심지어 그 학교의 '짱'까지 주둥이라고 놀리며 때려 너무나 괴로웠다는 것이다.

그러다가 여름방학이 되자, 다른 지역에서 초등학교 선생님으로 계셨던 아버지가 오랜만에 집으로 오셔서 자녀들을 둘러보았는데, 아홉 번째 자녀인 아들이 병든 병아리마냥 위축되어 있는 것을 보고 무슨 이유인지 물어보았다고 하였다. 하지만 아버지에게 말해 보았자 튀어나온 주둥이를 고쳐줄 수 없겠다고 생각되어 이유를 말하지 않았다가 방학이 다 끝나갈 무렵까지도 아버지께서 계속 이유를 물어와 하는 수 없이 그동안의 일과 다가오는 개학날이 무섭다고 이야기했다는 것이다. 아들의 이야기를 소상히 들은 아버지께서는 자신도 풀 수 없는 일이라며, 사람을 창조하신 하나님께 여쭈어 답을 주시겠다고 하신 후, 교회를 다녀와서는 이렇게 답을 주셨다고 한다.

개학을 하여 학교에 가면 친구들이 다시금 '주둥이'라고 놀리고 더러는 때릴 터인데 참고 있다가 '짱'이 때리려고 팔을 내려칠 때 두 팔로 잡아서는 튀어나온 주둥이로 물라는 것이었다. 그러한 답을 들은 아들은 너무나 기가 막혀 가슴이 답답하였지만, 개학하여 학교에서 그러한 일이 닥치자 아버지가 시킨 것처럼 짱의 팔을 튀어나온 주둥이로 '물은 것'이 아니라 젖 먹은 힘까지 다하여 '씹었다'고 한다. 선생님이 와서 떼어 놓을 때까지 물고 있었는데, 짱의 팔을 보니 보라색과 군청색으로 퉁퉁 부어 있었다는 것이다. 한 시간 수업 후 쉬는 시간이 되자 학교 구석구석에서 많은 친구들이 겁을 내며 수근거리기 시작했다는 것이다. "저 새끼 문다." 교수님 왈, 4학년 2학기 그때부터 6학년 졸업하기까지 평탄한 삶을 살았고, 인근에 있던 중학교에 입학하였는데 입학식에 참석하려고 중학교 교문을 들어서는 순간 초등학교 선배들이 다른 학생들에게 "문다가 우리 학교에 입학했네"하며 떠들기 시작하여 중학교 3년을 평탄하게 보내며 학업에 올인한 결과 시골에서 한두 명이 진학하던 대도시의 명문 고등학교에 입학하게 되었다는 것이다. 입학식에 참석하려고 고등학교 교문을 들어서는 순간, 또 시골 중학교 선배 몇 명이 알아보고는 주위에 '문다'가 자신들의 학교에 입학하였다는 것을 알리기 시작하여 고등학교 3학년 전 과정을 평탄하게 보내고 대학에 입학하였다는 에피소드였다.

언젠가 대학생 백여 명을 대상으로 그들이 청소년기에 겪었던 열등감의 원인을 조사한 적이 있었다. 그때 나온 원인 중에는 가정환경이나 성격, 실력 등에 관한 것도 있었지만, 대부분은 외모와 신체에 따른 것이었다. 남학생의 경우 너무 큰 키, 작은 키, 언청이 자국, 잘나지 못한 외모, 음치 등이었으며, 여학생의 경우 짧은 목, 마른 몸, 덧니, 큰 손과 발, 굵은 다리, 넓은 이마, 작은 키, 뚱뚱한 몸매, 머리카락의 색깔 등이었다.

콤플렉스를 갖게 하는 하나의 요인인 열등감은 다른 사람들의 시선을 과잉 의식하게 함으로써 바깥출입을 어렵게 만들고, 원만한 친구관계나 사람들과의 관계를 어렵게 만들기도 한다. 비록 자기 주위에 있는 부모님이나 가족, 선생님, 친구가 정상적으로 여긴다고 해도 스스로가 자신을 이상하게 느낀다면 그것만큼 괴로운 것도 없다. 그래서 나름대로 콤플렉스를 가져다주는 부분을 감추려고 하지만, 숨기면 숨길수록 그러한 행동이 다른 사람들의 눈에는 매우 부자연스럽게 느껴져 더욱 더 주목을 받기가 쉽다.

콤플렉스, 즉 열등감을 극복하고 자연스러우면서도 자신감 있게 생활하기 위해서는 몇 가지의 태도와 노력이 따라야 한다.

먼저, 있는 그대로의 자기 모습을 이해하는 것이다. 다른 사람들의 행동이나 특성에 대해서는 많이 알고 있지만, 자기 자신에 대해서는 그렇게 많이 알고 있지 못한 것이 우리들의 현실이다. 걸음걸이와 옷 입는 맵시나 다른 사람보다 어눌한 말투가 바로 자신의 모습이라는 사실을 머리로, 생각으로 받아들이는 것이다.

둘째, 있는 그대로의 자기 모습을 수용하는 것이다. 이해한 자신의 모습을 자기의 것이 아니라며 부정하지 말고 '정말 나의 모습이 이런 것이구나' 하는 것을 마음으로 깊이 받아들이는 것을 가리킨다.

마지막으로, 있는 그대로의 자기 모습을 주위 사람들에게 표현하거나 드러내는 것이다. 있는 그대로의 자기 모습을 주위의 사람들에게 솔직히 나타내야 한다. 스스로가 다른 사람에게 솔직한 심정을 얘기하면 처음에는 "아, 그래?"하며 쳐다보지만 그것은 한순간이고, 계속적으로 자신을 표현해 나가면 그 이상 다른 관심을 갖지 않고 자신의 바쁜 세상살이에 빠져 지나치게 될 것이다. 오히려 자신감 넘치는 자기표현으로 인해 콤플렉스가 아닌 그 사람의 자산으로 여러 보편적인 사람 중에서 한눈에 알아볼 수 있는 그 사람만의 독특한 개성으로 지각하게 된다.

구약 성경의 이사야 43장 1절은 새로운 나를 발견하게 도와준다. **"너를 창조하신 여호와께서 이제 말씀하시느니라. 너를 조성하신 자가 이제 말씀하시느니라, 너는 두려워 말라. 내가 너를 구속하였고, 내가 너를 지명하여 불렀나니 너는 내 것이라."** 이 세상과 사람을 만드신 하나님이 나를 특별한 존재로 불러주셨다는 것이다. 숨기고 싶은 나의 약점이 잘못 생겨난 것이 아니라, 특별한 뜻이 있어서 일부러 그렇게 만들었다는 것이다. 그러한 생각의 전환을 통해 나의 모든 것이 감사하며, 세상 모든 것이 의미 있게 느껴지게 된다.

콤플렉스를 소유한 나는 부끄럽고 수치스러운 숨어 버려야 할 존재가 아니다. 오히려 나의 약점이 나의 존재가 필요한 곳에 자신 있게 나아가도록 만들어 준다. 열등감이 아니라 나의 **상표**로 말이다. 다른 사람과 나를 구별시키는 **'특허 상표'**로 말이다.

잠시 눈을 감고 물음에 대답해 보자.

첫째, 여러분에게 버리고 싶거나 숨기고 싶은 콤플렉스가 있는가? 있다면 무엇인가?

둘째, 그 콤플렉스는 여러분의 시간과 노력을 투자하면 변화시킬 수 있는 것인가?
변화시킬 수 있는 것이라면 구체적인 계획을 작성하여 변화시켜 나가도록 힘을 써 보자. 만약에 그 콤플렉스가 여러분의 시간이나 노력을 투자해도 변화시킬 수 없는 것이라면 그것은 바로 여러분의 '특허 상표'이다. 아무도 함부로 그것을 복제하지 못하도록 보호하고, 더욱 더 강화해 나가야 할 것이다.

경영의 신으로 불린 일본의 전설적인 기업가인 마쓰시타 고노스케는 자신의 인생승리 비결을 한 마디로 '~덕분에'라고 고백했다.

덕분에

저는 가난한 집안에서 태어난 덕분에
어릴 때부터 갖가지 힘든 일을 하며
세상살이에 필요한 경험을 쌓았습니다.

저는 허약한 아이였던 덕분에
운동을 시작해서
건강을 유지할 수 있었습니다.

저는 학교를 제대로 마치지 못했던 덕분에
만나는 모든 사람이 제 선생이어서
모르면 묻고 배우면서 익혔습니다.

프로그램을 시작하며 1회기

목표

프로그램의 목적과 활동에 대한 이해 및 관계형성

준비물

명찰, 워크북, 사전 검사용 질문지, 필기도구

LOVE

Happy Practice

1회기 프로그램을 시작하며

이 시간의 목표는 프로그램의 목적과 활동에 대한 이해 및 관계형성이다.

집단구성을 위한 성향분석(DISC)

다음에 주어지는 60개 문항 중에서 나의 행동유형과 유사한 말에 80초 이내에 체크해 보자. 생각을 많이 하지 말고 즉시 선택해야 정확한 결과를 볼 수 있다.

Dominance		Influence	
결단력이 있다		쾌활하다	
자기중심적이다		생동감 있다	
적극적이다		감정적이다	
솔직하다		활기가 넘친다	
주장이 강하다		사람 중심이다	
대담하다		충동적이고 예측할 수 없다	
참을성이 없다		표현력이 있다	

Dominance		Influence	
완고하다		말주변이 좋다	
경쟁심이 있다		재미있고 흥미진진하다	
도전을 적극 받아들인다		즉흥적이다	
공격적이다		직관적이다	
지도력이 있다		열정적이다	
주도적이다		사교적이다	
독립심이 강하다		참신하고 호감을 준다	
논쟁을 즐긴다		자신있다	
Steadiness		**Conscientiousness**	
순종적이다		신중하다	
겸손하다		재치있다	
이해심이 많다		일관성이 있다	
쾌활하다		정교하다	
친절하다		완벽주의자다	
포용력이 있다		사실에 입각한다	
협조적이다		논리적이다	
의존적이다		예의바르다	
충성스럽다		체계적이다	
참을성이 있다		기준이 높다	
평화주의자다		수줍음이 있다	
좋은 경청자다		자제한다	
동정심이 많다		비판적이다	
우유부단하다		분석적이다	
호의적이다		이상주의적이다	

'별칭 짓기'를 통한 집단 구성원 소개

먼저 자신의 학과와 이름을 소개해 보자.

(   )학교(혹은 학과) ( )학년 (   )입니다.

별칭은 무엇을 기준으로 하느냐에 따라 여러 가지로 지을 수 있는데, 우리 프로그램에서는 자신의 '강점'(남보다 뛰어나거나 유리한 점)을 잘 나타낼 수 있는 별칭을 지었으면 한다. 예를 들면, 필자의 경우는 '감사구덩이' 혹은 '날마다 감사'라는 별칭을 사용하고 있다. 왜냐하면 다른 사람들에 비해 삶 속에서 '감사거리'를 자주 찾아보기 때문이다. 그러면 자신의 강점 기반 별칭을 작명해 보자.

나의 별칭은 ( )이다.

왜냐하면 나는 ( )하기(한) 때문이다.

지도자와 구성원을 포함한 전체 집단 원의 별칭을 조사하여 작성한다.

〈우리 집단 (집단명:)구성원의 소개〉

	성 명	소 속	별 칭	별칭의 배경
1				
2				
3				
4				
5				
6				
7				
8				
9				
10				
11				
12				
13				
14				
15				

나에게 행복이란?

내가 이해하는 '행복한 상황'을 그림으로 그려본 후, '나에게 행복이란~'을 주제로 발표해 보자. 지금까지 살아오면서 혹은 장래에 어떨 때 가장 행복한지 말해본다.

"내게 있어 행복은 ( )이다."

규칙과 약속 / 참여 동의서 작성 및 서약

서 약 서

________________ 학교(혹은 학과)

별칭______________이름__________

본인은 이번 「행복연습프로그램」에 참여함에 있어서 다음 사항을 준수할 것을 서약합니다.

1. 본 프로그램에 끝까지 참여하겠습니다.
2. 집단원의 비밀을 누설하거나 이용하지 않겠습니다.
3. 다른 사람의 의사를 존중하겠습니다.
4. 자신의 발전을 위해 최선의 노력을 다하겠습니다.
5. 친구의 발전을 위해 적극적으로 협조하겠습니다.

년 월 일

서약인 (인)

오늘의 활동을 마치며 무엇을 알게 되었고 어떤 느낌을 갖게 되었나? 질문이 있다면?

긍정심리강화프로그램의 한 층 더 높은 연습과 효과를 위해 과제가 주어지는데, 오늘은 첫날이어서 우선 한 가지 과제가 아래와 같이 부여된다.

과제 1 내가 지금보다 조금 더 행복해지기 위해 할 수 있는 일

내가 지금보다 조금 더 행복해지기 위해 할 수 있는 일 중 마음만 먹으면 오늘이라도 당장 할 수 있는 3가지 일들에는 어떤 것이 있는가?

1.

2.

3.

경험보고서 1. 행복연습 첫 주간을 보내며...

처음 행복연습이 유아교육과 학생들에게 필수교양과목이라는 교수님의 말씀을 들었을 땐 도대체 행복을 어떻게 연습할 수 있단 말인가? 하고 의아하게 생각하였으나, 처음 1, 2교시에 내 생각이 틀렸다는 것을 알았다. 첫 시간에는 교수님께서 우리에게 '콤플렉스'를 다양한 예를 들어 설명해주셨다. 특히 개그맨 김국진이 콤플렉스인 짧은 혀를 자신의 강점으로 만든 이야기와 교수님의 대학시절 은사이셨던 교수님의 학창시절 튀어나온 '주둥이'에서 학교의 '짱'이된 이야기, 쌍꺼풀 수술을 한 선배께서 자신의 콤플렉스를 당당하게 말한 이야기는 나 자신을 돌아보는 계기가 되었다.

"내성적이고 소심한 성격도 나의 강점이 될 수 있을까?"

첫 시간, 교수님께서 해주신 이야기를 듣고 내게 던진 질문이었다.

다음 날 행복연습 수업 시간에 교수님께서는 성향분석(DISC)을 활용하여 조를 짜신 후, 우리에게 자신의 강점을 잘 나타낼 수 있는 별칭과 그 이유를 작성하여 조원들과 공유하라고 하셨다. 남들 앞에서 말도 잘 못하는데 자신의 강점을 잘 나타낼 수 있는 별칭을 공유하라니 막막했다. 별칭을 지을 때 난 내가 얼마나 자기 자신에게 관심이 없었는지 깨달았다. 별칭으로 할 만한 내 강점이 뭔지도 몰랐던 것이다.

결국 나는 평소에 친구들이 불렀던 별명을 별칭으로 적고 발표를 했다. 분위기가 싸해질 것이라는 내 추측과 반대로 조원들은 웃어주고 박수를 쳐 주었다. 나는 내게 던진 질문에 한 걸음 다가간 느낌이 들었다. 내게 던진 질문을 왠지 해결할 수 있을 것 같았다. 고민 끝에 만든 별칭이 조원들과의 사이를 가깝게 만들어 주었고 자신감이 생기게 해주었기 때문이다. 다른 사람들의 생각은 모르겠지만, 나는 조 활동을 하면서 조원들과 친하게 지내고 새로운 친구들을 사귀고 넓은 교유(交遊)관계를 형성하는 것도 행복 중에 하나라고 생각한다.

강의를 마치고 다음 강의실로 이동하면서, 나는 왜 두 번째 수업에서 수업명을 교수님이 '행복연습'이라고 불렀는지 알 것 같았다. 그동안 행복을 거창하게만 생각했었는데 수업을 소개하는 강의를 듣고 사소한 것에도 행복감을 느낄 수 있다는 것을 알게 되었다. 그리고 앞으로 어떤 수업이 될지 기대가 된다. 지금 조원들이랑 한 학기 동안 계속 생활할 텐데 그것도 기대되고, 앞으로 어떤 방식으로 수업이 진행될

지도 기대된다. 야외수업도 한다고 하셨는데 그것 또한 기대가 된다.

기숙사에서 교수님의 강의계획서를 보는데, 지금까지 한 번도 해보지 못했던 수업인 것 같아 걱정되지만 아마 이 강의가 끝날 즈음엔 난 '행복한 학생'이 되어있을 것 같다. 아직은 내성적이고 소심하지만 앞으로 강의시간에 적극적으로 참여한다면 활발한 사람이 될 수 있지 않을까? 이 성격을 나의 강점으로 만들어 낼 수 있을까?

아직 첫 주밖에 되지 않았는데 자꾸 기대되는 마음은 어쩔 수 없는 것 같다. 앞으로도 이렇게 조원들과 함께하는 즐거운 수업이 되었으면 좋겠다. 콤플렉스를 이겨내고 활용할 줄 아는 그런 학생, 사소한 생활 속에서 즐거움과 행복을 느낄 줄 알고 긍정적인 학생이 되도록 노력해야겠다.

신뢰감 형성하기 2회기

목표

집단구성원에 대한 신뢰감 형성과 자신의 긍정적 자산 확인

준비물

명찰, 워크북, 수면안대, 필기도구, 잔잔한 음악(CD)

LOVE

Happy Practice

2회기 신뢰감 형성하기

이 시간의 목표는 집단구성원에 대한 신뢰감 형성과 자신의 긍정적 자산을 확인하는 것이다.

지난 시간의 과제 검토

행복해지기 위해 당장 할 수 있는 일 3가지를 조원들과 돌아가며 나누어 보자.

'시각장애자'와 '안내 도우미' 하기

2명씩 짝을 지어 한 사람은 시각장애인이 되고 한 사람은 안내 도우미가 된다. 시각장애인 역할을 하는 사람(앞으로는 '시각장애인'이라 칭함)은 '안대'를 받아서 착용한다. 도우미 역할을 하는 사람(앞으로는 도우미라 칭함)은 모임장소 의자에 앉아 있는 시각장애인을 일으켜서 밖으로 나간다. 시각장애인이 자신을 전적으로 믿고 따를 수 있도록 도우미는 시각장애인의 시각에서 두려움을 느끼지 않고 불편하지 않

도록 배려를 한다. 길 안내를 하면서 부딪치지 않도록 조심하는 것은 물론 밖에 있는 자연환경과 외부 세계를 감각으로 느끼며 볼 수 있도록 세심한 배려를 한다.

시각장애인은 풀잎, 꽃잎, 나무, 솔방울, 바위, 돌, 자동차, 시설물 등 모든 것을 만져 보고 느껴보며 사물과 대화를 나누어 본다. 약 20~30분간 활동한 후 역할을 바꾸어 다시 20~30분간 바깥에서부터 시각장애인을 먼저 안내한 뒤 모임장소로 데리고 들어온다. 안대를 착용하면 무섭기 때문에 천천히 걷게 하고 팔이나 어깨를 감싸 안은 채 안내를 한다. 실내로 복귀하여 잠시 쉬는 시간을 갖는다.

몸과 대화하기

내가 나를 돌보지 않으면 아무도 나를 돌보지 않는다. 잔잔한 음악 가운데 음악을 향해 마음을 활짝 열고 음악이 내 몸과 하나가 되도록 한 다음, 자신의 몸 구석구석을 손으로 부드럽고 사랑스럽게 어루만지면서 몸이 하는 말을 들어보고 느껴본다. 분명 몸이 나에게 하고 싶은 이야기가 있을 것이다. 머리에서부터 시작하여 발끝까지 천천히 만져본다. 머리카락, 이마, 눈썹, 눈, 코, 입, 볼, 턱, 귀, 목, 가슴, 배, 팔, 손, 다리, 엉덩이, 발, 발목, 발가락 등을 세밀하게 터치해본다. 그러고 나서 천천히 일어난 다음 몸을 한 바퀴 돌리며 온 몸이 제대로 작동을 하는지 춤을 춰본다.

경험보고서 작성하기

자리에 앉아 오늘의 활동을 돌아보며 느낀 점들을 작성해 본다. 시각장애인의 역할을 하며 사물과 대화를 나눈 느낌, 도우미 역할, 자신의 신체를 만져보며 대화를 나눈 느낌을 작성한다.

특히 자신이 갖고 있는 긍정적인 자산에는 어떤 것들이 있는지 생각하며 작성해 본다.

시각장애인 역할

도우미 역할

몸과 대화하기

오늘의 활동을 마치며 무엇을 알게 되었고 어떤 느낌을 갖게 되었나? 질문이 있다면?

경험보고서 2. 신뢰감 형성프로그램을 마치고...

오늘 수업을 통해 저는 이때까지 살아오면서 한 번도 경험해 본 적이 없는 새로운 경험을 하게 되었습니다. 바로 시각장애인 체험을 해보는 것이었습니다. 처음에는 친구가 저를 안내하는 입장으로 저는 안대를 쓰고 눈을 가린 채 저의 모든 것을 친구에게 맡긴 채 저의 감각과 귀를 통해 들려오는 소리로 세상을 내다보아야 했습니다. 안대를 썼지만 눈 밑으로 바닥이 보여 그 길에 의존하게 될 것 같아, 저는 두 눈을 꼭 감았습니다. 이 순간만큼은 진짜 제가 시각장애인이 된 것처럼 경험해 보고 싶었기 때문입니다.

그동안 매일 아무렇지 않게 지나쳤던 학교 안의 여러 곳을 걸어보았습니다. 먼저 강의실 안 의자에서 일어나는 것부터 시작하였습니다. 전 친구 손을 꼭 잡고 일어났습니다. 평소에는 잡아볼 일이 없었던 친구 손이 그 순간은 정말 많은 의지가 되었습니다. 친구는 엘리베이터로 가지 않고, 비상구로 저를 안내하였습니다. 학교를 다니면서 이용해 본 적이 없었던 비상구는 제가 보지 못한 세상이었기에 혹시나 계단에서 발을 헛딛게 될까봐 두려웠지만 제 나름대로 비상구의 구조를 머릿속에 그려

넣으며 한 손은 친구를 잡고 또 다른 한 손은 계단의 난간을 꽉 잡고 말 그대로 "느낌대로" 걸었습니다. 몇 층인지 잘 기억이 나진 않지만 4층쯤에서 친구는 저를 엘리베이터에 태우고 함께 내려갔습니다. 그리고 밖으로 나왔습니다. 원래는 말을 하지 않는 게 원칙이었지만, 친구는 친절하게 계단이 있으니 발 밑을 조심하라고 저에게 일러주었습니다. 저희의 최종 목적지인 곳으로 향하는데, 저는 친구에게 좀 더 경험해 보고 싶다고 부탁하였고 친구는 먼 길로 돌아가 주었습니다.

눈을 감고 걷는 길이지만 그 길에는 제가 항상 들르던 매점 가는 길에 있는 계단도 있었고, 채플 시간에 들르던 '콘서트 홀'도 있었습니다. 매일같이 지나가던 곳이었지만 막상 눈을 감고 걸으니 그곳의 풍경이 잘 기억이 나지 않아 제가 그동안 이렇게 무심하게 길을 걸어 다녔나 싶기도 하였습니다. 가는 길에 친구는 저에게 이것저것을 만져보게 해주었습니다. 무엇일까 궁금하기도 하였지만 동시에 눈이 보이지 않으니 두렵기도 하였습니다. 친구가 저에게 만지고 느끼게 해준 것은 나무와 꽃 그리고 꽃의 향기와 같은 것들이었습니다. 그리고 점점 친구들의 말소리가 가까이 들리기 시작하였습니다. 친구들이 장난을 친다고 몸을 더듬기도 하였는데 그 순간도 앞에 아무것도 보이지 않아 어떤 상황이 벌어질지는 알 수 없었습니다. 그리고 이내 안대를 벗었습니다. 나름대로 기억을 더듬어서 그곳의 모습을 생각하고 있었는데, 제 생각과는 달라서 좀 놀랐습니다. 누구나 느끼는 부분이었겠지만 제가 살아가는 동안에 꼭 필요한 눈의 소중함을 이 경험을 통해 알게 되었습니다.

잠깐의 경험이었지만 눈이 보이지 않았기에 두렵고 답답하기만 하였습니다. 그런데 실제로 시각장애인 분들은 매일 이렇게 생활을 하고 계신다고 생각하니 안타까웠습니다. 그러나 그분들은 저희와는 다르게 손과 귀로 모든 감각을 느끼고 그분들만의 상상으로 순수한 세계를 만들어 가고 있을 것이란 걸 알게 되었습니다. 저 또한 경험을 하는 동안 머릿속으로 세상을 만들어 가고 있었기 때문입니다. 이번 경험을 통해 비록 눈이 안 보인다는 것은 정말 고통스럽고 힘든 일이지만 그분들의 입장에서 다시 한 번 생각해 보게 되었고 많은 것을 깨닫게 되었으며, 무엇이 그분들이 진정으로 원하는 것인지를 알게 되었습니다. 또한 무조건 좌절하기보다는 '장애'라는 편견을 갖고 있는 세상과 맞서서 살아가시고 있는 모든 분들에게 다시 한 번 힘내라는 말과 함께 용기를 주고 싶습니다.

이젠 역할을 바꿔 놓고 시작하였습니다. 친구에게 단단히 안대를 씌워주고 나서 눈을 꼭 감으라고 말했습니다. 그래야 진심으로 경험해 볼 수 있다고 당부해 주었습니다.

친구가 그랬던 것처럼 친구의 한 손을 꽉 잡아주었습니다. 제가 걸음걸이가 조금 빠른 편이라서 처음에는 친구가 제 손에 이끌리어 가고 있었습니다. 하지만 친구의 걸음이 점점 느려지고 있다는 것을 느끼고, 저는 그제야 친구의 옆에서 함께 걸었습니다. 길을 건너 5호관 앞으로 갔습니다. 그곳에서 한 번 쉬고 난 뒤 다시 제대로 걷기 시작하였습니다. 다른 팀과 마지막으로 출발하게 되었는데, 교수님도 동행하게 되었습니다. 다른 팀의 안내자인 친구와 장난을 계획하며, 통학버스에 태우려고 하였지만, 눈치가 빠른 친구가 금방 알아버려 계획이 실패했습니다. 교수님과 함께 걸어가면서 교수님이 제가 안내해주는 친구에게 솔방울을 만져보게 하여 친구가 깜짝 놀라는 일도 있었고, 길가에 오토바이가 있었는데 친구에게 오토바이를 만져보게 하고 태우기도 하였습니다. 친구는 모든 일들이 신기하다는 듯이 새로운 세계를 경험하는 기분이 든다고 하였습니다. 사실 눈을 떠보면 모든 일들이 평소 우리가 보는 솔방울이고 우리가 지나가면서 누군가가 타고 있는 오토바이를 보는 것일 뿐인데 눈을 감고 있는 동안에는 평소 알고 있던 모든 것들도 신기하게 느껴지나 봅니다.

엘리베이터를 타고 중간에 내려 친구가 해주었던 것처럼 저도 계단으로 걸어서 올라갔습니다. 계단으로 올라가면서 친구가 발을 헛디디기도 하였지만, 그때마다 제가 친구의 손이 되어주어 다치지 않게 인도해 주었습니다. 계단에서 교실로 가는 동안 학과 전시물이 있었는데 친구가 이것저것 건드리면서 쓰러뜨리기도 하였습니다. 저는 상황이 웃기기만 하였지만, 친구는 모든 것들이 신기하기만 하다고 계속 반복하여 말했습니다. 그 순간 정말 눈이 보이는 것과 안보이는 것은 많은 차이가 있다고 생각하였습니다. 같은 상황에서도 다른 행동을 취하고 있었기 때문입니다. 모든 활동이 끝나고 친구와 저는 서로 수고했다고 말해주었습니다. 그리고 이런 경험을 통해서 의지가 많이 되었다고 옆에 같이 있어 주는 사람이 얼마나 소중한 존재인가를 알게 되었다고 서로 입을 모아 말했습니다. 시각장애인이 되어보았고 반대로 시각장애인을 도와주는 역할을 해보았습니다. 두 가지 역할 모두 힘은 들었지만 두 가지 역할 모두 우리가 살아가는 이 세상에 존재하는 사람들의 일상적인 모습이었고 전혀 어색하거나 이상하지 않았습니다. 단지 눈이 보이고 보이지 않는다는, 그래서 다르게 행동하게 된다는 그 차이일 뿐이었습니다.

과제 1 내가 만난 가장 큰 역경과 나의 대처

과제 2 오늘의 감사일기 (　　년　월　일)

오늘부터 매일 밤 잠자리에 들기 전에 그날 있었던 일들을 돌이켜보면서 감사할 만한 일을 세 가지 이상 적어둔다. 인생에 대한 막연한 감사가 아니라, 하루 동안 있었던 일 중에서 구체적으로 적어야 한다. 머릿속으로 회상만 하는 것으로는 부족하다. 반드시 글로 기록한 후 잠자리에 들도록 한다. 하루 중 감사한 일을 기억하기 위해 그때그때 메모지나 스마트폰의 메모장 기능을 활용하는 것도 한 방법이다.

1.

2.

3.

(　　년　월　일　요일)

1.

2.

3.

(　　년　월　일　요일)

1.

2.

3.

(년 월 일 요일)

1.

2.

3.

(년 월 일 요일)

1.

2.

3.

(년 월 일 요일)

1.

2.

3.

(년 월 일 요일)

1.

2.

3.

마음의 근력 키우기 3회기

목표

회복탄력성의 강화

준비물

명찰, 동영상CD, 워크북, 회복탄력성 척도, 필기도구

LOVE

Happy Practice

3회기 마음의 근력 키우기

이 시간의 목표는 회복탄력성의 강화이다.

지난 시간의 과제 검토

☞ 감사일기

☞ 지난 주 과제 중 하나인 오늘의 자신이 되게 한 '나만의 역경'을 탐색해 본다.

"내가 만난 가장 큰 역경과 나의 대처"

학교를 졸업하고 처음으로 시작한 직장생활에서 내가 일할 부서의 선배 언니를 보는 순간 숨이 멎었다. 웃음기 전혀 없는 무표정한 얼굴에 아주 날카로운 눈매와 짧은 말투, 신입사원을 향한 상냥함이나 다정다감은 전혀 찾아볼 수 없었다. 웃음기 없는 짜증 가득한 얼굴도 문제이지만, 어떤 일을 가르쳐주는 데 있어 자세히 설명해 주기보다는 짧고 간략하게 설명을 해주니 불안함과 긴장감이 더 해져 무슨 말인지 이해를 하지 못할 때가 많았다. 한 번은 조심스럽게 다시 물었다가 빨리 이해를 못한다고 야단을 들은 적도 있고, 아주 작은 실수라도 했을 때는 얼마나 심하게 야단을 치는지 눈물을 흘린 적이 한두 번이 아니었다. 이런 불안한 이 생활이 너무 괴로워 여기서 포기하고 싶었다. 하지만 왠지 내 마음 깊은 곳에서 한 번 이겨내 보라고, 이길 수 있다고, 나는 할 수 있다고, 할 수 있을 거라는 오기가 생기기 시작했다. 그래서 그때부터 이 고비를 어떻게 지혜롭게 헤쳐나갈지 생각을 하였다. 언니의 굳어있는 마음, 항상 불만 가득한 그 마음을 녹여 봐야겠다고 생각하고 천천히 조금씩 언니의 마음을 읽어가며 시도를 하였다.

항상 한결같은 강한 카리스마의 꼿꼿한 언니의 성격에 겁만 먹고 피할 것이 아니라 좀 더 마음을 다해 다정하게 다가갔으며 재미나는 농담도 하고, 특별한 날도 아니지만 '언니 생각나서 샀다'면서 자그마한 마음의 선물도 가끔씩 하곤 했었다. 그러던 어느 날 나도 모르게 언니와 농담도 자연스럽게 주고받고 있었으며, 언니의 웃는 모습도 볼 수 있었다. 그리고 무엇보다 언니가 무서운 표정으로 야단을 치고 서운하게 말을 해도 웃으면서 넘길 수 있었으며, 이제는 언니가 나를 위해서 이러는 것이라고 생각을 하니 마음이 한결 편안해졌다.

이젠 나를 바라보는 언니의 표정이 바뀌고, 언니의 말투가 바뀌고, 나중에는 결혼할 남자친구에게까지 소개를 해주고, 남에게 베푸는 것에 인색했던 언니가 밥도 사주고, 선물도 사주게 되었다. 주변 여직원들은 나를 대하는 선배 언니의 변화된 모습에 모두 놀라워했다.

사실 두 번 다시는 겪고 싶지 않은 첫 직장의 어려움은 있었지만, 그래도 끝까지 포기하지 않고 지혜롭게 잘 대처하고, 잘 견뎌낸 나는 세상과 당당히 맞서 싸울 힘을 이때 얻게 되었다.

그래서 지금까지도 그때의 경험이 참 감사하다. 평생 나의 디딤돌이 되어 어떤 일이든 잘 이겨내고 잘 견뎌낼 수 있는 자신감과 용기를 갖게 해 주었으니까.

나의 회복탄력성 지수는?(KRQ-53/김주환, 회복탄력성, 2011, 66~69)

각 문항을 읽은 후 다음과 같이 점수를 기록한다. 문항에 답을 할 때 너무 오래 고심하지 말고 처음부터 끝까지 10분 이내에 마쳐야 한다. 각 문항이 자신과 얼마나 일치하는지 다음 척도에 따라 (   )에 기입한다.

전혀 그렇지 않다	그렇지 않다	보통이다	어느 정도 그렇다	매우 그렇다
1	2	3	4	5

1 나는 어려운 일이 닥쳤을 때 감정을 통제할 수 있다. (   )

2 내가 무슨 생각을 하면 그 생각이 내 기분에 어떤 영향을 미칠지 잘 알아챈다. (   )

3 논쟁거리가 되는 문제를 가족이나 친구들과 토론할 때 내 감정을 잘 통제할 수 있다. (   )

4* 집중해야 할 중요한 일이 생기면 신바람이 나기보다는 더 스트레스를 받는 편이다. (   )

5* 나는 내 감정에 잘 휘말린다. (   )

6* 때때로 내 감정적인 문제 때문에 학교나 직장에서 공부하거나 일할 때 집중하기 힘들다. (   )

7 당장 해야 할 일이 있으면 나는 어떠한 유혹이나 방해도 잘 이겨내고 할 일을 한다. (   )

8 아무리 당황스럽고 어려운 상황이 닥쳐도 나는 내가 어떤 생각을 하고 있는지 스스로 잘 안다. (   )

9 누군가가 나에게 화를 낼 경우 나는 우선 그 사람의 의견을 잘 듣는다. (   )

전혀 그렇지 않다	그렇지 않다	보통이다	어느 정도 그렇다	매우 그렇다
1	2	3	4	5

10* 일이 생각대로 잘 안 풀리면 쉽게 포기하는 편이다. ( )

11* 평소 경제적인 소비나 지출 규모에 대해 별다른 계획 없이 지낸다. ( )

12* 미리 계획을 세우기보다는 즉흥적으로 일을 처리하는 편이다. ( )

13 문제가 생기면 여러 가지 해결방안에 대해 먼저 생각한 후에 그 문제를 해결하려고 노력한다. ( )

14 어려운 일이 생기면 그 원인이 무엇인지 신중하게 생각한 후에 그 문제를 해결하려고 노력한다. ( )

15 나는 대부분의 상황에서 문제의 원인을 잘 알고 있다고 믿는다. ( )

16* 나는 사건이나 상황을 잘 파악하지 못한다는 이야기를 종종 듣는다. ( )

17* 문제가 생기면 나는 성급하게 결론을 내린다는 이야기를 종종 듣는다. ( )

18* 어려운 일이 생기면, 그 원인을 완전히 이해하지 못했다 하더라도 일단 빨리 해결하는 것이 좋다고 생각한다. ( )

19 나는 분위기나 대화 상대에 따라 대화를 잘 이끌어 갈 수 있다. ( )

20 나는 재치 있는 농담을 잘한다. ( )

21 나는 내가 표현하고자 하는 바에 대한 적절한 문구나 단어를 잘 찾아낸다. ( )

22* 나는 윗사람과 대화하는 것이 부담스럽다. ( )

23* 나는 대화중에 다른 생각을 하느라 대화 내용을 놓칠 때가 종종 있다. ( )

전혀 그렇지 않다	그렇지 않다	보통이다	어느 정도 그렇다	매우 그렇다
1	2	3	4	5

24* 대화할 때 하고 싶은 말을 다하지 못하고 주저할 때가 있다. ( )

25 사람들의 얼굴표정을 보면 어떤 감정인지 알 수 있다. ( )

26 슬퍼하거나 화를 내거나 당황하는 사람을 보면 그들이 어떤 생각을 하는지 잘 알 수 있다. ( )

27 동료가 화를 낼 경우 나는 그 이유를 꽤 잘 아는 편이다. ( )

28* 나는 사람들의 행동 방식을 때로 이해하기 힘들다. ( )

29* 친한 친구나 애인 혹은 배우자로부터 "당신은 나를 이해 못해"라는 말을 종종 듣는다. ( )

30* 동료와 친구들은 내가 자기 말을 잘 듣지 않는다고 한다. ( )

31 나는 내 주변 사람들로부터 사랑과 관심을 받고 있다. ( )

32 나는 내 친구들을 정말로 좋아한다. ( )

33 내 주변 사람들은 내 기분을 잘 이해한다. ( )

34* 서로 도움을 주고받는 친구가 별로 없는 편이다. ( )

35* 나와 정기적으로 만나는 사람들은 대부분 나를 싫어하게 된다. ( )

36* 서로 마음을 터놓고 얘기할 수 있는 친구가 거의 없다. ( )

37 열심히 일 하면 언제나 보답이 있으리라고 생각한다. ( )

38 맞든 틀리든, "아무리 어려운 문제라도 나는 해결할 수 있다"고 일단 믿는 것이 좋다고 생각한다. ( )

39 어려운 상황이 닥쳐도 나는 모든 일이 다 잘 해결될 거라고 확신한다. ( )

40* 내가 어떤 일을 마치고 나면, 주변 사람들이 부정적인 평가를 할까봐 걱정한다. ( )

전혀 그렇지 않다	그렇지 않다	보통이다	어느 정도 그렇다	매우 그렇다
1	2	3	4	5

41* 나에게 일어나는 대부분의 문제들은 나로서는 어쩔 수 없는 상황에 의해 발생한다고 믿는다. ( )

42* 누가 나의 미래에 대해 물어보면 성공한 나의 모습을 상상하기가 힘이 든다. ( )

43 내 삶은 내가 생각하는 이상적인 삶에 가깝다. ( )

44 내 인생의 여러 가지 조건들은 만족스럽다. ( )

45 나는 내 삶에 만족한다. ( )

46 나는 내 삶에서 중요하다고 생각한 것들은 다 갖고 있다. ( )

47 나는 다시 태어나도 나의 현재 삶을 다시 살고 싶다. ( )

48 나는 다양한 종류의 많은 사람들에게 고마움을 느낀다. ( )

49 내가 고맙게 여기는 것들을 모두 적는다면, 아주 긴 목록이 될 것이다. ( )

50 나이가 들어갈수록 내 삶의 일부가 된 사람, 사건, 생활에 대해 감사하는 마음이 더 커져간다. ( )

51* 나는 감사해야 할 것이 별로 없다. ( )

52* 세상을 둘러 볼 때, 내가 고마워할 것은 별로 없다. ( )

53* 사람이나 일에 대한 고마움을 한참 시간이 지난 후에야 겨우 느낀다. ( )

채점 및 점수 해석 방법

*문항에 대해서는 6에서 자신의 점수를 빼고 계산한다. 예를 들어, 1이라고 적었으면 6 − 1 = 5점, 4라고 적었으면 6 − 4 = 2점, 5라고 적었으면 6 − 5 = 1점, 나머지 문항은 점수대로 계산한다.

자기조절능력 = 감정조절력 + 충동통제력 + 원인분석력

1번부터 6번 문항까지의 점수의 합은 여러분의 감정조절력을, 7번부터 12번 문항은 충동통제력을 그리고 13번부터 18번까지의 문항은 원인분석력을 나타낸다. 그리고 이 셋을 합한 점수가 여러분의 자기조절능력 점수다. 우리나라 성인들의 평균 점수는 63.5점이다. 만약 자신의 점수가 63점 이하라면 자기조절능력을 높이기 위해 노력하는 것이 좋다. 만약 55점 이하라면 자기조절능력을 향상시키기 위해 반드시 노력해야 한다. 하위 20%에 해당하기 때문이다. 70점 이상이 나왔다면 자신의 자기조절능력에는 별 문제가 없다고 봐도 좋으며, 75점 이상이라면 아주 높은 편-상위 7%이내-이니 자부심을 가져도 좋다.

대인관계능력 = 소통능력 + 공감능력 + 자아확장력

19번부터 24번까지는 소통능력, 25번부터 30번까지는 공감능력, 31번부터 36번까지는 자아확장력의 점수를 각각 나타낸다. 그리고 이 셋의 점수를 합친 것이 자신의 대인관계능력 점수다. 우리나라 사람들의 대인관계능력 평균 점수는 67.8점이다. 만약 자신의 점수가 67점 이하라면 대인관계능력을 높이기 위해 노력하는 것이 좋다. 62점 이하라면 대인관계능력을 높이기 위해 반드시 노력해야 한다. 하위 20%에 해당하기 때문이다. 이렇게 점수가 낮은 사람들은 조금만 노력해도 스스로 그 효과를 금방 느낄 수 있다. 만약 대인관계능력의 점수가 74점 이상이 나왔다면 자신의 대인관계능력에는 별 문제가 없다고 봐도 좋으며, 80점 이상이라면 대인관계와 사회성이 아주 뛰어난 편-상위 6% 이내-이라 할 수 있다.

긍정성 = 자아낙관성 + 생활만족도 + 감사하기

긍정성은 자기 스스로의 장점과 강점을 낙관적으로 바라보는 태도(37번~42번 문항), 행복의 기본 수준이라 할 수 있는 삶에 대한 만족도(43번~47번 문항), 삶과 주변 사람에 대해 감사하는 태도(48번~53번 문항)로 측정된다. 우리나라 사람들의 긍정성의 평균 점수는 63.4점이다. 만약 자신의 점수가 63점 이하라면 긍정성을 높이기 위해 노력하는 것이 좋다. 56점 이하라면 긍정성을 높이기 위해 반드시 노력해야 한다. 하위 20%에 해당하기 때문이다. 만약 긍정성의 점수가 70점 이상이 나왔다면 자신의 긍정성에는 별 문제가 없다고 봐도 좋으며, 75점 이상이라면 대단히 긍정성이 높은 사람-상위 6% 이내-이니 자부심을 가져도 좋다.

자기조절능력, 대인관계능력, 긍정성의 세 가지 점수의 총합이 자신의 회복탄력성 지수다. 우리나라 사람들의 평균 점수는 195점이다. 만약 자신의 점수가 190점 이하라면 회복탄력성을 높이기 위해 노력하는 것이 좋다. 180점 이하라면 자신은 사소한 부정적인 사건에도 쉽게 영향을 받는 나약한 존재이다. 여러분은 다시 튀어 오를 힘을 빨리 길러야 한다. 170점 이하라면 자신은 깨지기 쉬운 유리 같은 존재라 할 수 있다. 작은 불행에도 쉽게 상처를 입게 되며 그 상처는 치유하기 어려울 것이다. 하루하루 살얼음 위를 걷는 기분으로 살아온 여러분은 지금 당장 회복탄력성을 높이기 위해 온 힘을 기울여야 한다.

만약 본인의 점수가 200점을 넘는다면 일단 안심이다. 그러나 212점 정도는 돼야 상위 20%에 들 수 있다. 220점을 넘는다면 대단히 회복탄력성이 높은 사람이다. 웬만한 불행한 사건은 여러분을 흔들어 놓지 못한다. 오히려 역경은 여러분을 더 높은 곳으로 올려놓기 위한 스프링보드이므로 즐겁게 받아들일 일이다.

회복탄력성(resilience) / 마음의 근력

회복탄력성은 자신에게 닥치는 온갖 역경과 어려움을 오히려 도약의 발판으로 삼는 힘이다. 성공은 어려움이나 실패가 없는 상태가 아니라, 역경과 시련을 극복해 낸 상태를 말한다. 떨어져 본 사람만이 어디로 올라가야 하는지 그 방향을 알고, 추락해본 사람만이 다시 튀어 올라가야 할 필요성을 절감하듯이 바닥을 쳐 본 사람만이 더욱 높게 날아오를 힘을 갖게 된다. 이것이 바로 회복탄력성의 비밀이다. 우리의 삶은 온갖 역경과 어려움으로 가득 차 있다. 물론 행복한 일도 있지만 그보다는 힘든 일, 슬픈 일, 어려운 일, 가슴 아픈 일이 더 많다. 불행한 일은 항상 행복한 일보다 양도 더 많고 질적으로도 강도가 더 센 것처럼 느껴져서 우리를 좌절하게 만든다는 연구결과도 있다. 하지만 우리 모두는 인생의 역경을 얼마든지 이겨낼 잠재적인 힘을 지니고 있다. 그러한 힘을 '회복탄력성'이라 한다(김주환, 2012).

위인전에 등장하는 위대한 인물들은 왜 하나같이 역경을 극복하고 위대한 인물이 되었을까? 바로 여기에 작은 힌트가 숨겨져 있다. 위인들은 역경에도 '불구하고' 위인이 된 것이 아니라, 사실 역경 '덕분에' 위대한 업적을 이룰 수 있었던 것이다. 역경이야말로 사람을 더욱 더 강하게 튀어 오르게 하는 스프링보드와 같은 역할을 한다. 역경으로 인해 나락으로 떨어졌다가도 강한 회복탄력성으로 다시 튀어 오르는 사람들은 대부분의 경우 원래 있었던 위치보다 더 높은 곳까지 올라간다. 그야말로 실패를 성공의 원동력으로, 오늘의 아픔을 내일의 기쁨의 원천으로 삼는 셈이다. 그런데 이러한 회복탄력성은 누구나 다 발휘할 수 있는 것은 아니다. 마치 고무공처럼 강하게 되튀어 오르는 사람이 있는가 하면 유리공처럼 바닥에 떨어지는 즉시 산산조각 나서 부서져버리는 사람도 있다. 통계적으로 보면 고무공보다는 유리공의 비율이 두 배 이상 더 많다.

회복탄력성은 마음의 근력과 같다. 몸의 근육이 몸의 면역력을 높여주듯이 마음의 근육은 마음의 잔병치레를 막아준다. 회복탄력성은 꼭 커다란 역경을 이겨내기 위해서만 필요한 힘이 아니라, 자잘한 일상사 속에서 겪는 수많은 스트레스와 인생의 고민과 인간관계에서의 갈등을 자연스럽게 이겨내기 위해서도 필요한 힘이다. 체계적인 운동과 훈련을 통해 우리의 체력을 기를 수 있듯이, 회복탄력성도 체계적인 노력과 훈련을 통해 키워나갈 수 있다.

회복탄력성이 높은 사람들은 스스로의 실수에 대해 보다 긍정적인 태도를 지닌 사람들이다. 그들의 뇌는 습관적으로 보다 더 과감하고 도전적이어서 늘 새로움을 추구한다. 자신의 실수에 대해 예민하게 반응하되, 실수를 두려워하지 않는 것이 회복탄력성이 높은 긍정적인 뇌의 특성이다.

회복탄력성의 요소는 크게 두 가지이다. 하나는 자신을 이해하는 힘인 '자기조절능력'이고, 다른 하나는 함께 할 수 있어 더 행복한 삶인 '대인관계능력'이다.

자기조절능력이란 스스로의 감정을 인식하고 그것을 조절하는 능력으로 역경이나 어려움을 성공적으로 극복해내는 사람들의 공통적인 특징이기도 하다. 자기조절능력은 어려운 상황이 닥쳤을 때 첫째, 스스로의 부정적 감정을 통제하고 긍정적 감정과 건강한 도전의식을 불러 일으키며(감정조절력), 둘째, 기분에 휩쓸리는 충동적 반응을 억제하고(충동통제력), 마지막으로, 자신이 처한 상황을 객관적이고도 정확하게 파악해서 대처방안을 찾아낼 수 있는(원인분석력) 능력이다.

대인관계능력은 다른 사람의 마음과 감정 상태를 재빨리 파악하고, 깊이 이해하고, 공감함으로써 원만한 인간관계를 맺고 유지하는 데 있다. 대인관계능력은 첫째, 모든 관계의 기본인 대화, 즉 소통에 의해서 형성되고 유지되므로 무엇보다도 소통능력이 필요하다. 둘째, 대인관계는 다른 사람의 심리나 감정 상태를 잘 읽어낼 수 있는 능력인 공감능력이 필요하다. 마지막으로, 자기 자신이 다른 사람과 연결되어 있다고 느끼는 정도인 자아확장력이다. 즉, 자기 자신에 대해 생각할 때 이미 타인과의 관계 속에서 자기 자신을 이해하는 것이다.

회복탄력성의 증진

긍정적인 스토리텔링(이야기하기)의 연습

회복탄력성을 높이려면 내 삶에서 일어나는 모든 사건들을 보다 더 긍정적으로 받아들이는 뇌, 즉 긍정적인 스토리텔링을 해주는 '기억하는 자아'가 필요하다. 어떤 불행한 사건이나 역경에 대해 어떠한 해석을 하고 어떠한 의미로 스토리텔링을 부여하는가에 따라 우리는 불행해지기도 하고 행복해지기도 한다.

2007년 12월 5일 서강대에서 '성탄절 맞이 특강'에 강사로 초청된 가수 인순이의 간증

"아무리 힘든 일도 한 발 물러서서 보면 웬만한 사람들은 모두 겪었거나 겪을 일입니다. 견디지 못할 힘든 일은 없어요." 50대에 접어들었지만 최근 '거위의 꿈'이라는 노래로 제2의 전성기를 누리고 있는 가수 인순이(2019년 현재 62세, 본명 김인순). 무대가 아닌 강단에 오른 김씨는 혼혈인이라는 편견을 견디며 가수로 성공하기까지 힘들었던 시절과 이를 극복하기 위한 노력을 담담한 목소리로 두 시간 동안 학생들에게 들려줬다.

어린 시절 인순이에게 꿈은 '살아남는 것'이었다. 태어나고 자란 경기도 연천군 청산면의 경계만 넘어가면 모든 것이 벽처럼 다가왔다고 한다. 면전에서, 혹은 뒤에서 혼혈이라고 손가락질 하는 것을 참는 법부터 배워야 살아남을 수 있었다. 가수생활도 순탄하지 못했다. 데뷔 초기 고수머리는 TV에 출연할 수 없다는 제작진의 말에 모자를 써야 했다고 한다.

출중한 노래 실력에도 불구하고 혼혈인이라는 이유로 국가대표로 '도쿄가요제'에 참가할 기회를 놓치기도 했다. 가정형편이 어려워 중학교밖에 졸업하지 못했지만 고졸이라고 거짓말을 한 사실이 뒤늦게 언론에 알려져 곤욕을 치르기도 했다. 하지만 손가락질을 하는 사람은 아무도 없었다.

이제 그녀의 꿈은 "어떻게 하면 남을 도울 수 있을까"로 바뀌었다. 받은 사랑을 갚고 싶기 때문이다. 그래서 요즘 '꿈 전도사'로 나섰다. 최근 발표한 디지털 싱글앨범 타이틀도 '거위의 꿈'이다. 이날 특강 요청도 꿈을 전하고 싶은 마음에서 수락했다고 한다.

- 편견 때문에 힘들었을 텐데. 어떻게 극복했나?

"긍정의 힘이다. 문제가 생기면 다른 사람들은 이것보다 더 큰 문제도 겪는다는 생각으로 버텨왔다. 아끼는 반지를 잃어버리면 속은 타지만 누군가 나보다 더 필요한 사람에게 갔을 거라고 생각하면 괜찮아진다."

- 강연에서 멋지게 늙고 싶다고 했는데 어떤 뜻인가?

"뭐든지 받아들이며 자기 것으로 만드는 삶이 멋진 삶이다. 늙어가는 것에 불평만 하지 말고 세월을 받아들이고 연륜을 받아들이는 자신감이 필요하다. 자기 주름에 대해 신경 쓰지 말고 자신과 수십년을 함께 해 온 훈장이라 생각해보라고 권하고 싶다."

- '거위의 꿈'이 인기를 끌고 있다.

"내 평생 단 한번 만날 수 있을 것 같은 노래다. 단순히 화려함을 쫓아 노래를 부른다기보다 노래로 어떤 역할을 할 수 있었으면 좋겠다는 생각을 했다. 직접 말을 하지는 않았지만 많은 사람이 그런 메시지를 받은 것 같다."

- 꿈을 잃은 사람, 혹은 찾고 있는 사람들에게 한마디 해 달라.

"힘들더라도 지금을 즐겨라. 직장에서 힘든 일이 있다면, 직장 없는 사람도 있다는 걸 생각하면 된다. 지금 있는 삶을 즐기고 완벽하지 않더라도 후회 없이 열심히 하면 된다."

스토리텔링에는 세 가지 차원이 있다.

첫째는 개인성(나에게만 일어난 일이냐, 아니면 나를 포함하여 누구에게나 다 일어날 수 있는 일이냐)

둘째는 영속성(항상 그런 것인가, 아니면 이번에만 어쩌다 그런 것인가)

셋째는 보편성(모든 것 모든 면이 다 그런 것이냐, 아니면 그것만 그런 것인가)

회복탄력성이 낮은 사람의 스토리텔링 방식은 나쁜 일에 대해서는 내가, 언제나, 모든 면이 다 그렇다는 식으로 크게 생각하고, 좋은 일에 대해서는 남도, 어쩌다가, 이번 일만 그렇다는 식으로 그 의미를 축소해서 받아들이는 반면에 회복탄력성이 높은 사람은 이와는 정반대로 나쁜 일에 대해서는 그 의미를 축소하고 좋은 일에 대해서는 더 크게 일반화해서 받아들인다.

〈스토리텔링의 방식〉

나쁜 일이 생겼을 때		좋은 일이 생겼을 때	
비관적인 사람	낙관적인 사람	비관적인 사람	낙관적인 사람
개인성 영속성 보편성	비개인성 일시성 특수성	비개인성 일시성 특수성	개인성 영속성 보편성

원인분석력의 기본이 되는 것은 긍정적인 스토리텔링의 능력이다. 인생에서 최근에 일어난 부정적인 사건에 대해 여러분이 어떻게 생각하고 반응하는가를 이 세 가지 차원에서 면밀히 돌이켜보라. 그리고 부정적인 사건에 대해 비개인적이고, 일시적이고, 특수한 것으로 받아들이는 습관을 들이도록 해야 한다. 물론 좋은 일에 대해서는 개인적이고, 영속적이고, 보편적인 것으로 받아들이는 것이 좋다. 이렇게 세상일을 긍정적인 방식으로 받아들이는 습관을 들이면 여러분의 회복탄력성은 놀랍게 향상될 것이다.

"행복은 내가 창조해가는 것이다. 밖에서 내 안으로 들어오는 것이 아니라, 내 안에서 주어진 모든 상황을 감사로 받아들일 때 찾아온다." (석은옥, 해피라이프, 2011)

<나쁜 일이 생겼을 때>

상황1. 열심히 한 프로젝트가 결국 실패했다.

- 왜 나만 실패했을까(개인성)?
  VS. 나만 실패하는 것은 아니다. 실패는 누구나 할 수 있다(비개인성).

- 왜 나만 항상 실패할까(영속성)?
  VS. 이번엔 어쩌다 운이 나빠 실패한 것일 뿐이다(일시성).

- 왜 내가 하는 일들은 다 이 모양일까(보편성)?
  VS. 난 이 프로젝트에만 실패했을 뿐 다른 일들은 다 잘하고 있다(특수성).

상황2. 주차한 차를 누군가 긁고 가버렸다.

- 왜 나에게만 이런 재수 없는 일이 생길까? 여기 세워 둔 내가 잘못이지(개인성).
  VS. ______________________________ (비개인성)

- 왜 내게는 늘 이런 재수 없는 일이 일어날까(영속성)?
  VS. ______________________________ (일시성)

- 왜 나는 매사가 이렇게 운이 없을까(보편성)?
  VS. ______________________________ (특수성)

<좋은 일이 생겼을 때>

상황1. 시험에서 예상보다 훨씬 더 좋은 성적을 거뒀다.

- 내게 이렇게 좋은 성적을 주다니 채점을 후하게 했군.
  누구나 다 성적을 잘 받았겠군(비개인성).
  VS. 역시 나는 노력하면 되는구나(개인성).

- 어쩌다 이번 시험 운은 좋았구나(일시성).
  VS. 역시 나는 시험 운은 늘 좋은 편이야(영속성).
- 이 시험 하나는 어쩌다 잘 봤지만 다른 시험은 아마 망칠거야(특수성).
  VS. 역시 나는 다른 시험도 다 잘 보게 될 거야(보편성).

상황2. 꼭 취직하고 싶은 회사(기관)로부터 합격통보를 받았다.

- 나 같은 사람을 뽑다니, 대충 아무나 뽑았나 보군(비개인성).
  VS. ______________________________ (개인성)

- 합격 운이 좋아 이번에만 어쩌다 붙은 거겠지(일시성).
  VS. ______________________________ (영속성)

- 회사 합격은 어떻게 되었지만 내 인생에 다른 모든 면은 엉망이야(특수성).
  VS. ______________________________ (보편성)

뒤센(Duchenne) 미소의 비밀 / 뒤센 미소 연습

사람의 표정에는 감정이 드러나게 마련이다. 얼굴표정에 대한 본격적인 연구를 했던 심리학자 폴 에크만은 인간의 웃음 중에서도 긍정적 정서가 반영된 환한 웃음을 '뒤센의 미소'라 이름지었다. 에크만은 광대뼈 근처와 눈꼬리 근처의 얼굴 표정을 결정짓는 근육을 발견해낸 '뒤센'을 기려 그의 이름을 따서 뒤센의 미소라 명명했던 것이다. 이러한 뒤센의 미소를 짓는 사람들의 뇌는 기본적으로 긍정적 정서를 타고났다고 볼 수 있다. 이러한 긍정적 정서야말로 회복탄력성의 원천이다. 긍정적 정서는 상당부분 유전적으로 결정되는 것이지만, 사후적인 훈련과 노력을 통해서도 얼마든지 향상시킬 수 있다. 활짝 웃는 연습부터 시작하자!

하커와 켈트너의 연구(2001)는 1958년과 1960년에 캘리포니아 오클랜드에 있는 '밀즈 칼리지' 졸업생 141명을 연구 대상으로 삼았다. 우선 졸업 앨범 속에 나타난 사람들의 표정을 전문가들이 정밀 분석했다. 분석의 대상이 된 사진 중에서 50명의 졸업생은 눈꼬리의 근육이 수축되어 눈이 반달 모양이 되는 환한 '뒤센의 미소'를 짓고 있었다. 나머지는 카메라를 보며 '인위적인 미소'를 지어 보였다. 이 졸업사진의 주인공들이 각각 27세, 43세, 52세가 되는 해에 연구자들은 인터뷰를 통해 그들의 삶의 다양한 측면에 대한 자료를 수집하여 비교했다. 그 결과 환한 긍정적 미소를 지었던 '뒤센 미소 집단'은 '인위적 미소 집단'에 비해 훨씬 더 건강하였으며 병원에 간 횟수도 적었고 생존율도 높았다. 결혼 생활에 대해서도 훨씬 높은 만족도를 보였으며, 이혼율도 더 낮았다. 평균 소득 수준 역시 뒤센 미소 집단이 훨씬 더 높았다. 한마디로 같은 해에 같은 대학을 졸업한 여대생들 중에서 뒤센의 미소를 지었던 여성들이 훗날 더 좋은 삶을 살고 있음이 밝혀진 것이다. 혹시나 하여 '매력도'도 고려하였으나 별다른 영향을 못 미친 것으로 나타났다. 예쁘냐 안 예쁘냐 하는 외모는 그 사람의 건강이나 행복한 결혼생활 혹은 소득 수준과 아무런 상관이 없는 것으로 나타난 것이다. 이 연구는 젊은 날 한 순간의 표정만으로 그 사람의 인생이 얼마나 행복할지를 어느 정도 예측해 볼 수 있음을 알려주고 있다.

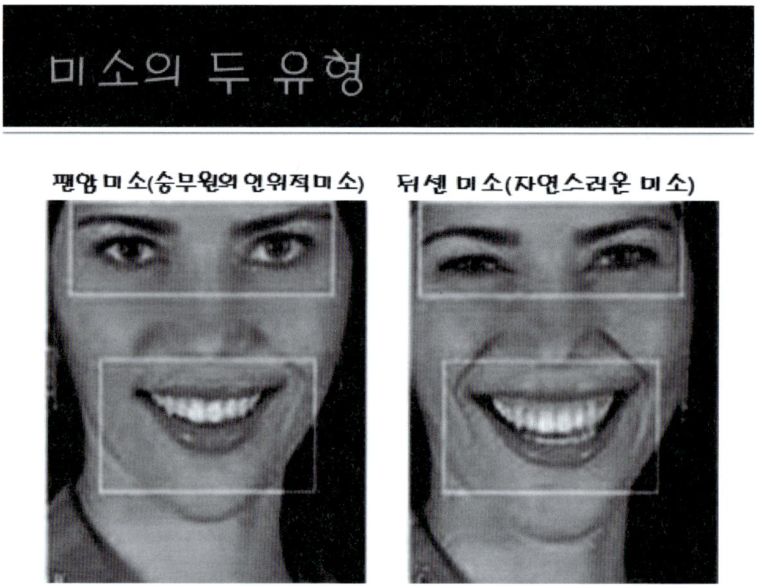

"행복연습을 하면서 다양한 것을 해봤는데, 교수님께서 과제로 내주신 뒤센 미소 촬영이 기억에 남는다. 처음 교수님께서 뒤센 미소를 하라고 하셨을 때 이걸 왜하지? 라는 생각을 정말 많이 했었다. 그런데 교수님께서는 선배들이 뽑은 제일 기억에 남는 활동이 뒤센 미소 촬영이라고 하셨다. 난 그 말을 별로 믿지 않았는데 지금 생각해보니 진짜 뒤센 미소가 제일 기억에 오래 남아있고 사진을 안 지워서 사진앨범을 볼 때마다 뒤센 미소를 지으며 찍은 사진이 있어서 그때 생각도 나고 웃고 있는 내 모습을 보니깐 너무 웃겨서 또 웃음이 나오곤 한다. 왜 교수님이 그렇게 말씀하셨는지 알 것 같았고 되게 행복해지는 과제 중 하나였으며 프린터로 뽑아 주셔서 종이를 볼 때마다 웃기고 계속 웃길 것 같다."

대표강점의 발견과 수행(4회기에서 다룸)

감사하기(마음의 좋은 습관, 7회기에서 다룸) &
운동하기(몸에 좋은 습관)

오늘의 활동을 마치며 무엇을 알게 되었고 어떤 느낌을 갖게 되었나? 질문이 있다면?

과제 1 자신의 성격적 강점을 잘 나타내는 긍정적인 자기소개서 작성

과제 2 오늘의 감사일기 (　　년　월　일)

한 주간 잠자리에 들기 전에 그날 있었던 일들을 돌이켜보면서 감사할 만한 일을 세 가지 이상 적어둔다. 인생에 대한 막연한 감사가 아니라, 하루 동안 있었던 일 중에서 구체적으로 적어야 한다. 머릿속으로 회상만 하는 것으로는 부족하다. 반드시 글로 기록한 후에 잠자리에 들도록 한다. 하루 중 감사한 일을 기억하기 위해 그때그때 메모지나 스마트폰의 메모장 기능을 활용하는 것도 한 방법이다.

1.

2.

3.

(　　년　월　일　요일)

1.

2.

3.

(　　년　월　일　요일)

1.

2.

3.

(　　　년　　월　　일　　　요일)

1.

2.

3.

(　　　년　　월　　일　　　요일)

1.

2.

3.

(　　　년　　월　　일　　　요일)

1.

2.

3.

(　　　년　　월　　일　　　요일)

1.

2.

3.

나의 성격적 강점을 잘 나타내는 긍정적인 자기소개서

교수님 안녕하십니까? 저는 교수님의 멘티 김나영입니다. 저를 소개하자면, 먼저 저의 좌우명은 '어떠한 문제도 긍정적으로 극복하자'입니다. 저는 어머니, 아버지의 영향보다도 제 마인드 자체가 매우 긍정적입니다. 아직 오래 살진 않았지만, 긍정적인 것이 나빴던 적은 한 번도 없었던 것 같습니다. 부모님께서 때로는 너무 긍정적인 것 아니냐며 의아해 하실 정도로요. 이를 좌우명으로 설정하게 된 후 지금까지 매번 정말 극복을 하고 달려온 것 같습니다. 그 중 가장 기억에 남는 사건이 몇 가지 있습니다. 그중 하나를 말씀드리자면, 때는 고 3때입니다. 그때 당시, 저는 미대입시를 준비하느라 미술학원을 다니고 있었습니다. 친구들은 다들 수시에 합격하여 아르바이트를 하고 여행을 가는 등 자신만의 시간을 가지고 있었습니다. 저는 그때 하루 온종일 미술학원에서 살다시피 했었습니다. 수시는 다 떨어졌었기 때문이죠. 정시기간이 다가오면 다가올수록 정시도 다 떨어져버리면 어떡하나 하는 불안감이 앞섰고, 자신감도 줄어드는 것 같았습니다, 그래도 나는 할 수 있다는 마음을 가지고 실기시험을 치루고 왔습니다. 마지막 다 군 실기를 치는 날, 마지막이라는 후련함과 동시에 불안감은 더욱 커져있었고 실기를 치루는 동안 손이 떨리기 시작했습니다. 그때 잠시 붓을 손에서 놓고 주변을 둘러보며 마음가짐을 다시 했습니다. 속으로 나는 할 수 있다. 완성할 수 있다고요. 그때 긍정적인 생각을 하지 않았다면 손이 떨려 완성을 하지 못했을 것 입니다. 실기작을 포기하지 않고 완성하고 나온 뒤 저는 실기장에서 후련함과 성취감 때문이었는지 펑펑 주저앉아 울었습니다. 합격자 발표가 나올 때까지 긍정적인 생각만 해서일까요, 저는 정시를 지원한 세 학교 모두 다 합격하게 되었습니다. 제 강점은 아마도 긍정적인 마인드와 끈기인 것 같습니다.

제 강점을 더욱 증진시켜, 어떠한 문제도 맞설 수 있는 김나영이 되고 싶습니다. 현재도 긍정적인 생각을 계속 합니다. '남들보다 몇 년 늦지만 할 수 있다'라는 생각을요. 훗날에 선생님이 되어있을 저를 상상하면 힘이 납니다.

선생님이 된다면 아이들에게 저의 강점인 긍정적인 마인드와 끈기를 키울 수 있도록 도움을 주는 선생님이 되고 싶습니다.

긍정적 자기인식 4회기

목표

대표강점과 긍정적 정서의 함양

준비물

명찰, 워크북, 필기도구, 강점척도결과지

LOVE

Happy Practice

4회기 긍정적 자기인식

이 시간의 목표는 자신의 대표강점과 긍정적 정서를 함양하는 것이다.

지난 시간의 과제 검토

☞ 오늘의 감사일기

☞ 강점 활용 긍정적 자기소개서

'행복에 이르는 세 가지 길'

긍정심리학의 창시자인 마틴 셀리그만은 '행복에 이르는 세 가지 길'을 다음과 같이 제시하고 있다(Seligman, 2006).

첫째, 즐거운 삶(pleasant life)이다.

과거, 현재, 미래에 대해서 긍정적인 감정을 느끼며 살아가는 삶이다. 과거의 삶에 대해서는 수용과 감사를 통해서 만족감과 흡족함을 느끼고, 현재의 삶 속에서는 '지금 이 순간'의 체험에 대한 적극적 참여와 몰입을 통해서 유쾌함과 즐거움을 경험하며, 미래의 삶에 대해서는 도전의식과 낙관적 기대를 통해서 희망감과 기대감을 느끼며 살아가는 삶이다. 즐거운 삶은 긍정 정서를 최대화하고 부정 정서를 최소화하는 삶으로 행복에 대한 쾌락주의적 입장을 반영하는 것이라고 할 수 있다. 이런 점에서 긍정심리학은 행복을 주관적 안녕, 삶의 만족, 긍정 정서의 증가와 부정 정서의 감소라는 관점에서 정의하고 연구하려는 시도를 하고 있다.

둘째, 적극적인 삶(engaged life)이다.

매일의 삶에서 자신이 추구하는 활동에 열정적으로 참여하고 몰입함으로써 자신의 성격적 강점과 잠재력을 최대한 발휘하며 자기실현을 이루어 나가는 삶이다. 셀리그만(Seligman, 2002)은 사람마다 나름대로의 다양한 강점과 재능을 지니고 있다고 말한다. 그는 이러한 강점들 중에서 개인의 독특성을 가장 잘 보여 주는 것들을 대표강점(signature strengths)이라고 지칭하면서, 진정한 행복(authentic happiness)은 이러한 대표강점을 찾아내고 계발하여 일, 사랑, 자녀양육, 여가활동과 같은 일상생활에서 잘 활용하는 가운데 발견되는 것이라고 주장한다. 그러한 대표강점을 활용할 수 있을 때, 우리는 활기와 열정을 느끼게 되며 '진정한 자기'가 표현되고 있다는 느낌을 갖게 된다는 것이다. 긍정심리학자들은 인간의 긍정적 성품과 강점에 대한 이해를 중시한다. 인간의 강점, 재능, 미덕, 덕목과 같은 긍정적 특성의 발달에 깊은 관심을 지닌다. 과학으로서의 긍정심리학은 모든 사람이 삶의 궁극적 목표로서 반드시 행복을 중시해야 한다거나 특정한 성품을 갖추어야 한다거나 어떤 가치가 최선이라고 주장하지 않는다. 그보다는 특정한 성품과 가치관을 지녔을 때 나타나는 삶의 결과를 탐구한다. 긍정심리학은 인간의 삶을 행복하고 풍요롭게 만드는 긍정적 성품과 강점을 이해하고 함양하는 일에 깊은 관심을 지닌다.

셋째, 의미 있는 삶(meaningful life)이다.

우리의 삶과 행위로부터 소중한 의미를 발견하고 부여할 수 있는 삶을 말한다. 즐거움 속에서 열정적인 삶을 영위했지만 의미를 발견할 수 없는 경우에는 진정한 행복감을 느끼기 어렵다. 삶의 의미는 자신보다 더 커다란 어떤 것을 위하여 공헌하고 있다는 인식으로부터 도출될 수 있다. 의미 있는 삶은 가족, 직장, 지역사회, 국가 또는 신을 위해 봉사하고 공헌함으로써 자신의 존재가치를 느낄 수 있을 때 가능하다. 인간은 사회적 맥락 속에서 살아가는 존재이기 때문에 이기적인 행복 추구만으로는 진정한 행복을 얻을 수 없다. 긍정심리학은 개인과 사회의 밀접한 관계를 중시한다. 개인은 타인과 사회를 위해 봉사하고 기여할 때 더 큰 행복을 경험할 수 있을 뿐만 아니라 사회적 환경의 개선을 통해서 자신의 행복이 증진될 수 있음을 강조한다.

이처럼 셀리그만은 즐거운 기분을 느끼면서 자신의 일에 열정적으로 몰입하며 삶의 의미를 발견할 수 있을 때 진정한 행복을 누릴 수

있다고 본다. '즐거운 삶', '적극적인 삶', 그리고 '의미 있는 삶'은 때때로 서로 일치하지 않는 경우도 있지만 밀접한 관련성을 지니며 서로 촉진적인 관계를 지닌다. 즐거운 기분을 느끼게 되면 삶에 대한 활기와 흥미가 증가하여 자신이 하는 활동에 열정적으로 몰두하게 됨으로써 역량을 잘 발휘하게 되고, 그 결과 타인과 사회를 위해 기여한다는 '의미감'을 느낄 수 있다.

자신의 강점 탐색 및 발표

다음의 세 가지 질문에 대한 답을 생각하면서 나의 강점을 탐색해 보자.

1. 과거에 한 행동이나 활동 중에서 여러분이 가장 자랑스럽게 여기는 것은 무엇인가?

   (　　　　　　　　　　　　　　　　　　　　　　　　)

2. 현재 여러분을 신나게 하는 것은 무엇인가?

   (　　　　　　　　　　　　　　　　　　　　　　　　)

3. 가까운 미래에 일어날 일 중에서 기대하고 있는 것은 무엇인가?

   (　　　　　　　　　　　　　　　　　　　　　　　　)

강점척도를 활용한 자신의 대표강점 확인(우문식, 2012, 162~174)

다음 내용에는 '지혜와 지식'을 비롯하여 6가지 주제에 총 24개의 강점에 관한 문항이 있고, 각각의 문항은 다시 2개의 작은 문항으로 이루어져 있다. ①과 ②의 문항을 읽고 자신에게 해당되는 것의 점수를 합하여 ( )에 기입한다.

지혜와 지식

1. 호기심

① 언제나 세상에 대해 호기심이 많다.

1점	2점	3점	4점	5점
나와 매우 다르다	나와 다르다	보통이다	나와 비슷하다	나와 매우 비슷하다

② 쉽게 싫증을 낸다.

1점	2점	3점	4점	5점
나와 매우 비슷하다	나와 비슷하다	보통이다	나와 다르다	나와 매우 다르다

* ①과 ②를 더한 점수: ( )

2. 학구열

① 새로운 것을 배울 때 전율을 느낀다.

1점	2점	3점	4점	5점
나와 매우 다르다	나와 다르다	보통이다	나와 비슷하다	나와 매우 비슷하다

② 박물관이나 다른 교육 장소에 한 번도 가 본 적이 없다.

1점	2점	3점	4점	5점
나와 매우 비슷하다	나와 비슷하다	보통이다	나와 다르다	나와 매우 다르다

* ①과 ②를 더한 점수: (   )

3. 판단력(비판적 사고)

① 판단력이 필요한 주제가 있을 때면 매우 이성적으로 사고한다.

1점	2점	3점	4점	5점
나와 매우 다르다	나와 다르다	보통이다	나와 비슷하다	나와 매우 비슷하다

② 성급하게 판단하는 경향이 있다.

1점	2점	3점	4점	5점
나와 매우 비슷하다	나와 비슷하다	보통이다	나와 다르다	나와 매우 다르다

* ①과 ②를 더한 점수: (   )

4. 창의성(독창성)

① 어떤 일을 하는 데 필요한 새로운 방법을 찾는 걸 좋아한다.

1점	2점	3점	4점	5점
나와 매우 다르다	나와 다르다	보통이다	나와 비슷하다	나와 매우 비슷하다

② 내 친구들은 대부분 나보다 상상력이 뛰어나다.

1점	2점	3점	4점	5점
나와 매우 비슷하다	나와 비슷하다	보통이다	나와 다르다	나와 매우 다르다

* ①과 ②를 더한 점수: (   )

5. 사회성(대인관계)

① 어떤 성격의 단체에 가도 잘 적응할 수 있다.

1점	2점	3점	4점	5점
나와 매우 다르다	나와 다르다	보통이다	나와 비슷하다	나와 매우 비슷하다

② 다른 사람들의 감정에 아주 둔하다.

1점	2점	3점	4점	5점
나와 매우 비슷하다	나와 비슷하다	보통이다	나와 다르다	나와 매우 다르다

* ①과 ②를 더한 점수: (   )

6. 예견력

① 항상 곰곰이 생각하고 더 큰 것을 볼 줄 안다.

1점	2점	3점	4점	5점
나와 매우 다르다	나와 다르다	보통이다	나와 비슷하다	나와 매우 비슷하다

② 내게 조언을 구하러 오는 사람은 거의 없다.

1점	2점	3점	4점	5점
나와 매우 비슷하다	나와 비슷하다	보통이다	나와 다르다	나와 매우 다르다

* ①과 ②를 더한 점수: (   )

용기

7. 용감성(호연지기, 용기)

① 강력한 반대도 무릅쓰고 내 주장을 고수할 때가 많다.

1점	2점	3점	4점	5점
나와 매우 다르다	나와 다르다	보통이다	나와 비슷하다	나와 매우 비슷하다

② 고통과 좌절 때문에 내 의지를 굽힐 때가 많다.

1점	2점	3점	4점	5점
나와 매우 비슷하다	나와 비슷하다	보통이다	나와 다르다	나와 매우 다르다

* ①과 ②를 더한 점수: (   )

8. 끈기(성실, 근면)

① 한 번 시작한 일을 끝까지 해낸다.

1점	2점	3점	4점	5점
나와 매우 다르다	나와 다르다	보통이다	나와 비슷하다	나와 매우 비슷하다

② 일을 할 때면 딴전을 피운다.

1점	2점	3점	4점	5점
나와 매우 비슷하다	나와 비슷하다	보통이다	나와 다르다	나와 매우 다르다

* ①과 ②를 더한 점수: (   )

9. 정직(지조, 진실)

① 약속을 반드시 지킨다.

1점	2점	3점	4점	5점
나와 매우 다르다	나와 다르다	보통이다	나와 비슷하다	나와 매우 비슷하다

② 친구들은 내게 솔직하게 말하는 법이 없다.

1점	2점	3점	4점	5점
나와 매우 비슷하다	나와 비슷하다	보통이다	나와 다르다	나와 매우 다르다

* ①과 ②를 더한 점수:(　　　)

사랑과 인간애

10. 친절(아량)

① 자발적으로 이웃을 도와준다.

1점	2점	3점	4점	5점
나와 매우 다르다	나와 다르다	보통이다	나와 비슷하다	나와 매우 비슷하다

② 다른 사람들의 행운을 내 일처럼 좋아한 적이 거의 없다.

1점	2점	3점	4점	5점
나와 매우 비슷하다	나와 비슷하다	보통이다	나와 다르다	나와 매우 다르다

* ①과 ②를 더한 점수:(　　　)

11. 사랑

① 주변에 본인의 기분과 행복 못지않게 내 기분과 행복에 관심을 기울이는 사람이 있다.

1점	2점	3점	4점	5점
나와 매우 다르다	나와 다르다	보통이다	나와 비슷하다	나와 매우 비슷하다

② 다른 사람들이 베푸는 사랑을 제대로 받아들이지 못한다.

1점	2점	3점	4점	5점
나와 매우 비슷하다	나와 비슷하다	보통이다	나와 다르다	나와 매우 다르다

* ①과 ②를 더한 점수:(　　)

정의감

12. 시민정신(의무감, 협동정신, 충성심)

① 어떤 단체에 가입하면 최선을 다한다.

1점	2점	3점	4점	5점
나와 매우 다르다	나와 다르다	보통이다	나와 비슷하다	나와 매우 비슷하다

② 소속 집단의 이익을 위해 내 개인의 이익을 희생할 생각은 없다.

1점	2점	3점	4점	5점
나와 매우 비슷하다	나와 비슷하다	보통이다	나와 다르다	나와 매우 다르다

* ①과 ②를 더한 점수:(　　)

13. 공정성(평등성)

① 어떤 사람에게든 똑같이 대한다.

1점	2점	3점	4점	5점
나와 매우 다르다	나와 다르다	보통이다	나와 비슷하다	나와 매우 비슷하다

② 내가 싫어하는 사람을 공정하게 대하기가 힘이 든다.

1점	2점	3점	4점	5점
나와 매우 비슷하다	나와 비슷하다	보통이다	나와 다르다	나와 매우 다르다

* ①과 ②를 더한 점수:(   )

14. 지도력

① 일일이 참견하지 않고도 사람들이 단합해 일하도록 이끌어 준다.

1점	2점	3점	4점	5점
나와 매우 다르다	나와 다르다	보통이다	나와 비슷하다	나와 매우 비슷하다

② 단체 활동을 조직하는 데는 소질이 없다.

1점	2점	3점	4점	5점
나와 매우 비슷하다	나와 비슷하다	보통이다	나와 다르다	나와 매우 다르다

* ①과 ②를 더한 점수:(   )

절제력

15. 자기 통제력

① 내 정서를 다스릴 줄 안다.

1점	2점	3점	4점	5점
나와 매우 다르다	나와 다르다	보통이다	나와 비슷하다	나와 매우 비슷하다

② 다이어트를 오래 하지 못한다.

1점	2점	3점	4점	5점
나와 매우 비슷하다	나와 비슷하다	보통이다	나와 다르다	나와 매우 다르다

* ①과 ②를 더한 점수:(   )

16. 신중함(사려)

① 다칠 위험이 있는 일은 하지 않는다.

1점	2점	3점	4점	5점
나와 매우 다르다	나와 다르다	보통이다	나와 비슷하다	나와 매우 비슷하다

② 나쁜 친구를 사귀거나 나쁜 사람들을 만나는 경우가 있다.

1점	2점	3점	4점	5점
나와 매우 비슷하다	나와 비슷하다	보통이다	나와 다르다	나와 매우 다르다

* ①과 ②를 더한 점수:(   )

17. 겸손(겸양)

① 다른 사람들이 나를 칭찬할 때면 슬그머니 화제를 돌린다.

1점	2점	3점	4점	5점
나와 매우 다르다	나와 다르다	보통이다	나와 비슷하다	나와 매우 비슷하다

② 스스로 한 일을 치켜세우는 편이다.

1점	2점	3점	4점	5점
나와 매우 비슷하다	나와 비슷하다	보통이다	나와 다르다	나와 매우 다르다

* ①과 ②를 더한 점수:(　　　)

영성과 초월성

18.감상력

① 음악, 미술, 연극, 영화, 스포츠, 과학, 수학의 아름다움과 경이로움을 보고 전율한 적이 있다.

1점	2점	3점	4점	5점
나와 매우 다르다	나와 다르다	보통이다	나와 비슷하다	나와 매우 비슷하다

② 평소에 아름다움과는 전혀 무관하게 지낸다.

1점	2점	3점	4점	5점
나와 매우 비슷하다	나와 비슷하다	보통이다	나와 다르다	나와 매우 다르다

* ①과 ②를 더한 점수:(　　　)

19. 감사

① 아무리 하찮은 일이라도 항상 고맙다고 말한다.

1점	2점	3점	4점	5점
나와 매우 다르다	나와 다르다	보통이다	나와 비슷하다	나와 매우 비슷하다

② 내가 받은 은혜에 대해 거의 생각하지 않는다.

1점	2점	3점	4점	5점
나와 매우 비슷하다	나와 비슷하다	보통이다	나와 다르다	나와 매우 다르다

* ①과 ②를 더한 점수:(   )

20. 희망(낙관성)

① 항상 긍정적인 면만 본다.

1점	2점	3점	4점	5점
나와 매우 다르다	나와 다르다	보통이다	나와 비슷하다	나와 매우 비슷하다

② 내가 하고 싶은 일을 하기 위해 철저하게 계획한 적이 없다.

1점	2점	3점	4점	5점
나와 매우 비슷하다	나와 비슷하다	보통이다	나와 다르다	나와 매우 다르다

* ①과 ②를 더한 점수:(   )

21. 영성(신념, 신앙심)

① 삶의 목적이 뚜렷하다.

1점	2점	3점	4점	5점
나와 매우 다르다	나와 다르다	보통이다	나와 비슷하다	나와 매우 비슷하다

② 사명감이 없다.

1점	2점	3점	4점	5점
나와 매우 비슷하다	나와 비슷하다	보통이다	나와 다르다	나와 매우 다르다

* ①과 ②를 더한 점수:(   )

22. 용서(연민)

① 과거의 것을 문제 삼지 않는다.

1점	2점	3점	4점	5점
나와 매우 다르다	나와 다르다	보통이다	나와 비슷하다	나와 매우 비슷하다

② 기어코 복수하려고 애쓴다.

1점	2점	3점	4점	5점
나와 매우 비슷하다	나와 비슷하다	보통이다	나와 다르다	나와 매우 다르다

* ①과 ②를 더한 점수:(   )

23. 유머(명랑함)

① 되도록 일과 놀이를 잘 배합한다.

1점	2점	3점	4점	5점
나와 매우 다르다	나와 다르다	보통이다	나와 비슷하다	나와 매우 비슷하다

② 우스갯소리를 거의 할 줄 모른다.

1점	2점	3점	4점	5점
나와 매우 비슷하다	나와 비슷하다	보통이다	나와 다르다	나와 매우 다르다

* ①과 ②를 더한 점수:(   )

24. 열정(신명)

① 무슨 일을 하든 전력투구한다.

1점	2점	3점	4점	5점
나와 매우 다르다	나와 다르다	보통이다	나와 비슷하다	나와 매우 비슷하다

② 의기소침할 때가 많다.

1점	2점	3점	4점	5점
나와 매우 비슷하다	나와 비슷하다	보통이다	나와 다르다	나와 매우 다르다

* ①과 ②를 더한 점수:(　　　)

※앞의 강점척도 24번까지의 ①과 ②를 더한 (　)의 점수를 아래의 강점 옆 '점수'에 기입한 다음 1에서 24까지의 순위를 매겨 본다.

NO	강 점	점수	NO	강 점	점수	NO	강 점	점수	NO	강 점	점수
1	호기심		2	학구열		3	판단력		4	창의성	
5	사회성		6	예견력		7	용감성		8	끈 기	
9	정 직		10	친 절		11	사 랑		12	시민정신	
13	공정성		14	지도력		15	자기통제력		16	신중성	
17	겸 손		18	감상력		19	감 사		20	희 망	
21	영 성		22	용 서		23	유 머		24	열 정	

강점 : 9점~10점 / 약점 : 4점~6점

다음은 6가지 주제의 강점을 설명한 것이다. 자신의 강점에 속하는 것을 찾아 자세하게 그 의미를 헤아려본다.

지혜 및 지식 관련 강점

지식을 습득하고 활용하는 것과 관련된 인지적인 강점으로서 지적인 성취와 지혜로운 판단을 돕는다.

1. 호기심: 다양한 현상에 대해서 흥미를 느끼고 매혹되어 좀 더 자세하게 탐색하고 추구하는 개방적인 태도
2. 학구열: 새로운 지식이나 기술을 배우고 숙달하려는 강렬한 동기와 학구적 태도
3. 판단력: 어떤 주제나 현상을 다양한 측면에서 냉철하게 생각하고 객관적으로 검토하는 능력
4. 창의성: 새롭고 참신하며 생산적인 방식으로 생각하고 만들어내는 독창적 능력
5. 사회성: 다른 사람의 동기와 감정을 예민하게 잘 포착하여 적절하게 행동하며, 다양한 대인관계 상황에 효과적으로 대응하는 사회적 능력
6. 예견력: 어떤 문제 상황을 전체적인 관점에서 파악하고 최선의 해결책을 찾아내어 다른 사람에게 현명한 조언을 제공하는 능력

용기 관련 강점

고난과 역경에 직면하더라도 자신의 목표와 가치를 추구하는 강렬한 의지와 관련된 성격적 특성으로 과제 완수와 목표 성취에 기여한다.

7. 용감성: 위험, 도전, 난관에 위축되지 않고 자신의 신념에 따라 용기 있게 행동하는 능력
8. 끈 기: 근면하게 노력하여 시작한 일을 완성하며 난관에 봉착하더라도 계획된 행동을 인내심 있게 지속하는 능력

9. 정　직: 자신을 거짓 없이 드러내고 솔직하게 행동하며 자신의 감정과 행동에 책임을 지는 태도

인간애 관련 강점

다른 사람을 보살피고 친밀해지는 것과 관련된 강점으로 따뜻한 대인관계를 형성하고 심화하는 데 기여한다.

10. 친절성: 다른 사람에게 도움을 베풀고 친절한 행동을 하려는 선한 동기와 실천능력
11. 사　랑: 다른 사람과의 친밀한 관계를 소중하게 여기고 실천하며 깊이 있는 애정을 주고받는 능력

정의 관련 강점

효과적인 집단적 활동에 기여하는 사회적 강점으로 개인과 집단 간의 건강한 상호작용을 돕는다.

12. 시민정신: 사회나 조직 속에서 자신에게 주어진 임무와 역할을 인식하고 책임감 있게 행동하는 능력과 자세
13. 공정성: 편향된 개인적 감정의 개입 없이 모든 사람을 동등하게 대하며 공평한 기회를 부여하는 태도
14. 지도력: 집단 활동을 조직하고 효과적으로 지휘하며 관리하는 능력

절제 관련 강점

지나침으로부터 우리를 보호하는 중용적 강점으로 절제를 통해 극단에 빠지지 않도록 돕는다.

15. 자기통제력: 다양한 충동, 욕구, 감정, 행동을 적절하게 조절하고 통제하는 능력

16. 신중성: 조심스럽게 행동함으로써 불필요한 위험이나 후회할 일을 초래하지 않는 능력
17. 겸 손: 자신이 이룬 성취에 대해서 불필요하게 과장된 허세를 부리지 않고, 다른 사람의 주목을 구하지 않는 겸허한 태도

초월 관련 강점

인생과 세상을 대하는 초월적인 태도와 관련된 것으로서 우리의 삶을 긍정적이고 낙관적으로 바라보게 함으로써 삶에 대한 의미와 희망을 갖도록 돕는다.

18. 감상력: 세상의 다양한 영역으로부터 아름다움과 탁월함을 섬세하게 인식하고 체감하는 능력
19. 감 사: 자신의 삶에 대해서 긍정적인 면을 잘 알아차리고 감사함과 축복감을 느끼고 표현하는 능력과 태도
20. 희망(낙관성): 미래를 긍정적으로 바라보고 희망 속에서 최선을 예상하며 그것을 성취하기 위해 노력하는 태도
21. 영 성: 인생의 궁극적 의미와 목적을 추구하며 일관된 종교적 신념을 가지고 살아가는 태도
22. 용 서: 잘못을 행한 사람을 용서하고 다시 기회를 주며 앙심을 품지 않는 너그럽고 관대한 태도
23. 유머감각: 인생의 역설적인 측면을 예리하게 포착하여 유쾌한 즐거움으로 전환시키는 능력으로, 웃고 장난치는 것을 좋아하며 타인에게 웃음을 선사하는 태도
24. 열 정: 어떤 일이든 활기차고 열정적으로 추진하는 의욕적이고 적극적인 태도

<대표강점의 특징/마틴 셀리그만>

*대표강점을 알았을 때 소유감과 정체성을 찾고 자신감이 생긴다.
(이게 진짜 나야)

*대표강점을 맨 처음에 발휘할 때 벅찬 기대감에 빠진다.

*대표강점을 처음 연습할 때 학습 속도가 매우 빠르다.

*대표강점을 활용할 새로운 방법을 아주 열심히 찾아낸다.

*대표강점을 필연적으로 활용할 수밖에 없다.
(나 좀 그만두게 해줘)

*대표강점을 활용할 때 피곤하기는커녕 오히려 기운이 난다.

*대표강점을 주로 활용할 수 있는 개인적인 일을 스스로 고안하고 추구한다.

*대표강점을 활용하는 동안 기쁨, 열정, 열광, 심지어 깊은 몰입에 빠진다.

나의 대표강점과 긍정적 정서 함양하기

나의 대표강점

1.

2.

3.

4.

5.

대표강점 활용계획을 통한 긍정적 정서 함양하기

지난 회기의 과제인 '긍정적인 자기소개서'와 '성격적 강점 척도' 결과를 통해 알게 된 자신의 '성격적 강점'들을 부록에 소개되어 있는 '강점의 증진방법'을 참조하여 자신의 실생활에 구체적으로 활용하기 위한 계획을 세워본다. 일단 계획하기까지만 이번 회기 내에 완성하고, 긍정적 정서의 함양은 계획을 일주일 동안 행동으로 옮긴 후, 다음 회기에 구성원들과 서로 나눠보도록 한다.

첫 번째 강점의 활용계획

1)
2)
3)
4)
5)

두 번째 강점의 활용계획

1)
2)
3)
4)
5)

세 번째 강점의 활용계획

1)
2)
3)

4)

5)

네 번째 강점의 활용계획

1)

2)

3)

4)

5)

다섯 번째 강점의 활용계획

1)

2)

3)

4)

5)

오늘의 활동을 마치며 무엇을 알게 되었고 어떤 느낌을 갖게 되었나? 질문이 있다면?

과제 1 대표강점 활용계획을 통해 계획한 것을 일주일 동안 행동으로 옮기기

과제 2 세 가지 나쁜 기억들과 관련 감정 및 자신의 삶에 미친 영향 탐색하기

나쁜 기억	나쁜 기억과 관련된 감정	자신의 삶에 미친 영향
개에 물렸다.	너무 두렵고 무서웠다.	아무리 귀여운 동물이라도 가까이는 가지 않게 되었다.

과제 3 오늘의 감사일기 (년   월   일)

매일 밤 잠자리에 들기 전에 그날 있었던 일들을 돌이켜보면서 감사할 만한 일을 세 가지 이상 적어둔다. 인생에 대한 막연한 감사가 아니라, 하루 동안 있었던 일 중에서 구체적으로 적어야 한다. 머릿속으로 회상만 하는 것으로는 부족하다. 반드시 글로 기록한 후에 잠자리에 들도록 한다. 하루 중 감사한 일을 기억하기 위해 그때그때 메모지나 스마트폰의 메모장 기능을 활용하는 것도 한 방법이다.

1.

2.

3.

(년   월   일   요일)

1.

2.

3.

(년   월   일   요일)

1.

2.

3.

(년 월 일 요일)

1.

2.

3.

(년 월 일 요일)

1.

2.

3.

(년 월 일 요일)

1.

2.

3.

(년 월 일 요일)

1.

2.

3.

용서하기 I 5회기

목표

용서와 분노의 관계를 찾고 용서하기를 결심하기

준비물

명찰, 워크북, 필기도구, 여분의 편지지, 봉투,
잔잔한 음악(CD)

LOVE

Happy Practice

5회기 용서하기 I

이 시간의 목표는 용서와 분노의 관계를 찾고 용서하기를 결심하는 것이다.

지난 시간의 과제 검토

☞ 오늘의 감사일기

☞ 대표강점의 실행

☞ 나쁜 기억들과 그와 관련된 분노, 그것이 자신의 삶에 미친 영향 탐색

용서의 정의

용서(forgiveness)는 오래된 개념이다. '용서'라는 단어가 보편적인 것은 아니지만 용서의 본질적인 요소인 친절, 연민, 박애 등은 거의 모든 철학과 종교적 전통, 특히 기독교와 유대교의 전통 속에서 찾아볼 수 있다. 대인관계에서의 용서를 다룬 심리학적 연구는 1980년대 중반에서야 이루어졌다. 가장 대표적인 학자인 엔라이트(Enright, 2001)는 용서에 대하여 다음과 같이 정의하고 있다. "다른 사람으로부터 부당한

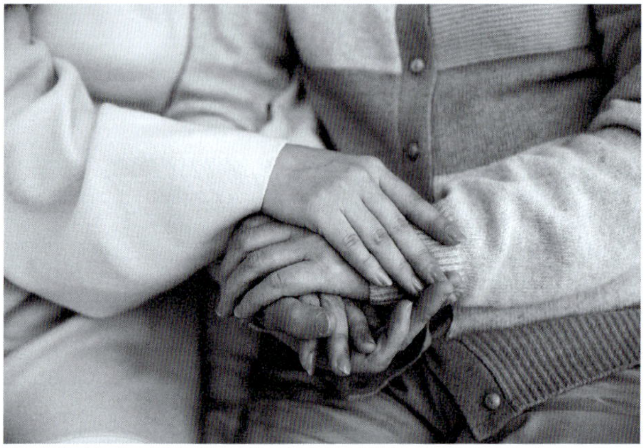

상처를 입었을 때, 분노할 수 있는 우리의 권리를 부인하는 것이 아니라, 오히려 가해자에게 연민과 자애, 사랑을 베풀고자 함으로써 그에 대한 원한을 극복하려 하는 것, 그것이 바로 용서다. 우리가 이렇게 용서할 때, 용서하는 우리는 그 가해자가 반드시 용서라는 선물을 받을 만한 사람이 아니라는 점을 인식하게 된다."

용서라는 것

- 이미 일어난 것을 수용하는 그 이상의 것, 분노중지를 초월하는 것
- 상대방에게 중립적인 자세보다 적극적인 것
- 자신의 기분을 좋게 하는 그 이상의 것

용서가 아닌 것

- 묵인이나 변명, 잊어버리기, 정당화하기, 흥분을 가라앉히기
- 가짜용서, 용서는 화해와 관련이 있지만 차이가 있다.

왜 용서해야 하는가?

용서하면 무엇이 좋은가? 깊이 생각하여 적어보자.

분노의 영향

* 분노와 건강: 고혈압이나 심장병에 걸릴 위험이 높고, 조기에 사망하는 경우
* 분노가 가족에게 주는 역기능: 한 사람의 분노 때문에 다른 사람이 병에 걸림
* 분노가 사회에 주는 역기능: 한 세대에서 다음 세대로 대물림

여러분을 가장 화나게 했던 일은 무엇입니까?
왜, 무엇이 여러분을 그렇게 화나게 했습니까?
("나는 ~할 때 화가 난다. 미치겠다. 뚜껑이 열린다"는 식으로 작성)

용서의 과정

1단계 / 분노의 발견

조용한 장소에 혼자 자리를 잡고 앉아 마음속에 아직 치유되지 않은 상처로 인해 남아 있는 부정적인 감정들을 느껴보자. 화를 내는 진짜 이유는 그 밑에 아직 치유되지 않은 상처가 있기 때문이다. 누군가가 무의식 중에 그 상처를 건들기 때문에 화가 나는 것이다. 그 상처를 대면하는 것이 치유의 시작이다. 분노하고 있다는 것을 아는 것은 매우 고통스럽지만, 용서는 고통으로부터 숨거나 아무 일이 없었던 것처럼 가장하는 것이 아니다. 고통에 대해 정직할 필요가 있다.

여러분의 오래된 부정적인 감정들을 적고, 그것과 관계된 구체적인 사건(특히 어린 시절의 사건)을 적어보세요.

(예를 들어, 열등감, 수치심, 절망, 우울, 외로움, 죄책감, 두려움, 불안, 자학, 비교 의식, 질투심 등)

이렇게 부정적인 감정들과 만나고 표현하게 됨으로써 그것들로부터 자유로워질 수 있으며, 다시는 그러한 부정적인 감정들에 이끌리는 삶을 살지 않겠노라 다짐할 수 있게 된다.

지금 여러분을 가장 힘들게 하는 것은 무엇입니까?

(여기서 중요한 것은 '지금'입니다. 거기가 곧 내가 성장해야 할 자리, 치유의 자리입니다.)

무엇이 문제라고 생각합니까? 어떻게 하면 그것으로부터 벗어날 수 있을까요? 무엇이 변하면 여러분이 행복해질까요?

과거를 바꿀 수는 없다. 하지만 과거를 바라보는 나의 시각은 바꿀 수 있다. '내가 그 일을 어떻게 보고 있느냐?'가 더 중요하다.

2단계 / 용서하기로 결심하기

만일에 우리가 내면적인 평안을 얻기 위해서 가능한 여러 가지 기법을 다 동원하고도 정서적으로 혼동되고 불안하게 느낀다면, 용서를 고려해 볼 만한 시점에 온 것이다. 용서가 필요하다고 결심했다면 여러분은 용서의 과정을 시작할 수 있다.

용서는 선택이다.

* 용서의 핵심적인 원리는 용서란 언제나 개인적인 선택이라는 점이다. 대인관계에서의 용서는 우리에게 깊이 상처를 준 누군가에게 자비를 베푸는 개인적인 반응이다.
* 개인적 선택의 문제로서의 용서는 가해자의 사과나 후회에 의존하지 않고, 부당한 상처에 대해 미리 적극적으로 행동하는 반응이다.
* 가해자가 사과하거나 후회하기를 기다린다는 것은 우리에게 상처를 준 사람의 손에 다시 한 번 통제권을 넘겨주는 셈이 된다.

* 나 자신의 개인적 건강과 안녕이 내게 깊은 상처를 안긴 누군가의 찬성이나 참여에 달린 것이 아니라는 것을 아는 일은 나에게 힘을 부여하고 자유를 안겨준다.

용서는 결단과 헌신이 요구된다.

깊은 상처를 견디는 한 가지 방법으로 최소한 용서를 고려해보겠다고 약속하자.

"오늘 나는 용서하기로 선택한다."

아래에 여러분 자신의 글로 위의 글을 옮겨보자.

"내가 정말로 믿었던 친구에게"

친구야, 고등학교 1학년 때 처음 만나, 서로 다른 환경에서 다르게 지내왔던 17년이라는 긴 시간과는 상관없이 우리는 소꿉친구인 것 마냥 생각하는 것도, 장난치는 것도, 성격도, 먹보 식성도 비슷했잖아. 같은 반이 아니어도 매일 점심시간에 만나 같이 밥을 먹고, 하교도 같이 하고 가족보다 더 많은 시간을 너랑 같이 보냈던 것 같아. 그렇게 단짝친구가 되었고, 힘들 땐 서로에게 의지하며 힘이 돼 주고 좋은 일이 있을 땐 시샘하지 않고 자기 일인 것처럼 기뻐해 줬지. 그렇게 2년이 지나고 고3이 되어 우린 수험생이라는 이름표를 달고 각자의 학업에 열중했는데 넌 그동안 내가 알았던 모습과 다르게 남자아이들에게 점점 물들어 가고 있었고, 나에게 소홀하기 시작했었어. 참 섭섭했는데 그래도 크게 걱정하지 않았어. 근데 들리는 말이 남자아이들에게 내 흉을 봤다고 하더라. 처음엔 믿지 않았어. 제3자의 말을 믿을 만큼 너랑 겉으로만 친한 게 아니었기 때문에….

음… 결국은 그 말이 사실이었지. 정말로 믿었기 때문에 그 배신감과 실망감 그리고 상처는 감당할 수 없을 만큼 컸어. 너에게 직접 듣고 싶어 말할 기회도 줬지만, 모르는 척하는 널 보면서 사람을 쉽게 믿어선 안 되겠다는 생각도 하고 정도 잘 주지 않을 거라고 다짐도 하고 화가 나서 울어도 보고 널 절대 용서하지 않을 거라며 이를 갈고, 그 뒤로 너에게 차갑게 대했어. 지금 생각해 보니 나도 정말 어렸었던 것 같아. 네가 그렇게 행동할만한 이유가 있었을까? 라는 생각은 해보지 않고 그저 난 너의 행동의 결과만을 생각하고 상처를 받았지. 용서를 해야겠단 생각이 들기 전까지는 변명도 듣고 싶지 않았고, 너에 대한 이야기를 그 누구와도 하고 싶지 않았어. 하지만 시간이 지난 지금은 그때랑 다르게 너의 입장도 들어보고 싶고, 너의 소식도 궁금하고, 잘 지내고 있었으면 좋겠다는 생각도 하고, 그때 나에게 섭섭한 게 있었겠지라는 생각도 해. 이렇게 용서하려고 마음을 먹으니 정말 별일 아니었던 것 같아. 사소한 일로 너와 멀어진 것 같아 오히려 마음이 안 좋고 그때의 우리가 그리워. 기회가 된다면 서로 솔직하게 이야기해서 풀고 소꿉친구보다 더 소꿉친구 같은 단짝친구로 돌아가자^^!!
친구야 널 이해하지 못하고 무작정 미운 마음 가졌던 거 나도 미안해♥

위의 글은 필자의 수업시간에 과제로 제출한 한 학생의 「용서편지」이며, 아래의 글은 그 편지를 읽고 필자의 소감을 다시 학생에게 전달한 내용이다.

OO야, 참 힘들었겠구나. 고등학교를 졸업하고 겨우 3개월밖에 되지 않았는데, 그새 많이 성장하고 성숙해진 것 같다. 지금이라도 이 마음을 전달했으면 한다. 그 친구를 찾으려 하면, 조금은 시간이 걸리겠지만 찾을 수 있을 것도 같구나. 그 친구의 반응이 어떻든 너의 마음을 편지 등으로 표현해봤으면 좋겠다. 그때의 그리움을 더 시간이 가기 전에 솔직하게…….

과제 1 대표강점 활용계획을 통해 계획한 것을 일주일 동안 행동으로 옮기기

과제 2 **자신에게 상처를 준 그 사람이 갖고 있는 좋은 점을 찾아 보자.**

과제 3 오늘의 감사일기 (년   월   일)

매일 밤 잠자리에 들기 전에 그날 있었던 일들을 돌이켜보면서 감사할 만한 일을 세 가지 이상 적어둔다. 인생에 대한 막연한 감사가 아니라, 하루 동안 있었던 일 중에서 구체적으로 적어야 한다. 머릿속으로 회상만 하는 것으로는 부족하다. 반드시 글로 기록한 후에 잠자리에 들도록 한다. 하루 중 감사한 일을 기억하기 위해 그때그때 메모지나 스마트폰의 메모장 기능을 활용하는 것도 한 방법이다.

1.

2.

3.

(년   월   일   요일)

1.

2.

3.

(년   월   일   요일)

1.

2.

3.

(년 월 일 요일)

1.

2.

3.

(년 월 일 요일)

1.

2.

3.

(년 월 일 요일)

1.

2.

3.

(년 월 일 요일)

1.

2.

3.

용서하기 II 6회기

목표

용서를 통한 부정적 감정의 해소

준비물

명찰, 워크북, 필기도구, 여분의 편지지, 봉투,
잔잔한 음악(CD)

LOVE

Happy Practice

6회기 용서하기 II

이 시간의 목표는 용서를 통한 부정적 감정의 해소이다.

3단계 / 용서하기 위한 작업

✍ 상대방의 관점에서 보기

누군가를 용서하는 것은 '그 사람에 대한 나쁜 생각을 좋은 생각으로 바꾸는 것'이다. 내가 생각하는 '좋은 사람으로 여겨지는 데 필요한 10가지 특성'을 왼쪽 란에 기록해 보자. 그런 후 여러분에게 상처 준 사람이 갖고 있는 특성을 왼쪽 란에서 한 가지 이상 찾아 오른쪽 란의 (   )에 기입한다.

〈좋은 사람의 10가지 특성〉	
1.________ 2.________ 3.________ 4.________ 5.________ 6.________ 7.________ 8.________ 9.________ 10.________	자신에게 상처 준 그 사람이 갖고 있는 특성을 좌측에서 한 가지 찾아 아래에 기록해보자. ( )

우리 자신에게 상처를 준 사람은 어떤 사람인가? (5가지 질문)

* 성장할 때 그 사람의 삶은 어떠했을까?
* 가해 당시에 그 사람의 삶은 어떤 상태이었는가?
* 가해한 행동 자체에 초점을 두기보다는 넓은 의미에서 이 사람과 여러분의 관계에 대한 이야기를 진술할 수 있는가?
* 인간세상의 한 구성원에서 본 그 사람은 어떤 사람인가?
* 영적·종교적 관점에서 볼 때, 그 사람은 여러분에게 어떤 존재인가?

위의 질문에 답변을 하고 나서 그 사람에 대한 관점이 어떻게 바뀌었는지를 작성해 본다. (   )

✍ 긍정적인 감정, 사고, 행동 만들기

상처 준 사람을 다른 관점에서 바라보게 되면서 일어날 수 있는 감정들을 검토해 본다.

* 관심을 갖도록 노력하기

여러분에게 상처 준 사람에 대한 관심의 정도를 10점 척도로 평가해 보자.

1	2	3	4	5	6	7	8	9	10

(1은 '전혀 관심이 없는', 10은 '매우 관심이 많은' 것을 의미)

* 고통을 수용하기

다음 세대에게 고통을 유산으로 물려주지 않기 위해서 자신이 고통을 받아들일 수 있는가? 고통을 받아들이는 것이 얼마나 어려운가? 10점 척도로 어려움과 쉬움의 정도를 표시해 보자.

1	2	3	4	5	6	7	8	9	10

(1은 '고통을 받아들이기 매우 어려운', 10은 '고통을 받아들이기 무척 쉬운')

자신이 상처받고 그것에 대해서 애도하고 슬픔을 표현하도록 허용할 때, 우리는 자유로울 수 있고 상처를 치유할 수 있다.

* 가해자에게 선물주기

우리에게 상처 준 사람에게 선물을 준다면 가해자가 우리를 지배하던 힘을 무력화시킬 수 있다. 여기의 선물은 꼭 물건일 필요가 없으며 대부분 도덕적인 사랑의 선물이다. 용서과정의 현 시점에서 어떤 종류의 선물이 여러분의 상황에 가장 적절한 것인지 생각해 보아야 한다.

- 상처 준 사람이 사망한 경우
  (묘지에 꽃 가져가기, 주위에 그에 대한 칭찬하기)
- 상대방에게 선물을 주기 위한 계획과 유용한 선물 종류의 리스트를 구체적으로 작성한다(병문안하기, 생일카드 보내기 등).

4단계 / 감정적 감옥에서 해방되기

* 고통의 의미를 발견하기
* 용서의 필요성을 발견하기
* 혼자가 아니라는 것을 발견하기
* 삶의 목적을 발견하기
* 용서하면서 얻게 되는 자유로움을 발견하기

✍ 나의 용서능력 평가

다음에 있는 문항을 주의 깊게 읽고, 여러분이 지난 1년간 실제로 어떠했는지에 근거하여 가장 적절한 숫자를 ( )에 표기하시오.

전혀 아니다	약간 그렇다	어느 정도 그렇다	상당히 그렇다	매우 그렇다
1	2	3	4	5

1 누가 나에게 한 불쾌한 일을 잘 잊어버리는 편이다. ( )

2 나는 결코 다른 사람에게 복수를 꾀하지 않는다. ( )

3 비록 나의 적이라 하더라도 그들이 고통받는 것을 원하지 않는다. ( )

4 용서하고 잊는 것이 최선이라고 믿는다. ( )

5 나에게 함부로 대하는 다른 사람의 행동을 이해하려고 노력한다. ( )

6 다른 사람이 상처를 주거나 피해를 입힌 경우에도 나는 그들을 잘 용서하고 자비롭게 대하는 편이다. ( )

■ 결과해석

6~9점: 용서능력이 부족한 상태이므로 계발을 위한 적극적 노력이 필요
10~20점: 용서능력이 보통 수준이므로 계발을 위한 노력이 필요
21~25점: 상당한 용서능력을 지니고 있으므로 강점으로 계발함
26~30점: 매우 탁월한 용서능력을 지니고 있으니 대표강점으로 계발함

오늘의 활동을 마치며 무엇을 알게 되었고 어떤 느낌을 갖게 되었는가? 질문이 있다면?

과제 1 대표강점 활용계획을 통해 계획한 것을 일주일 동안 행동으로 옮기기

과제 2 용서편지 쓰기

(오늘 나눠준 편지지에 자신이 피해를 입은 경험, 그와 관련된 감정 그리고 피해를 준 사람을 용서하는 내용을 담은 편지를 써 보자. 그것을 발송하지는 않지만 일주일 동안 매일 읽어본다.)

과제 3 오늘의 감사일기 (년 월 일 요일)

매일 밤 잠자리에 들기 전에 그날 있었던 일들을 돌이켜보면서 감사할 만한 일을 세 가지 이상 적어둔다. 인생에 대한 막연한 감사가 아니라, 하루 동안 있었던 일 중에서 구체적으로 적어야 한다. 머릿속으로 회상만 하는 것으로는 부족하다. 반드시 글로 기록한 후에 잠자리에 들도록 한다. 하루 중 감사한 일을 기억하기 위해 그때그때 메모지나 스마트폰의 메모장 기능을 활용하는 것도 한 방법이다.

1.

2.

3.

(년 월 일 요일)

1.

2.

3.

(년 월 일 요일)

1.

2.

3.

(년 월 일 요일)

1.

2.

3.

(년 월 일 요일)

1.

2.

3.

(년 월 일 요일)

1.

2.

3.

(년 월 일 요일)

1.

2.

3.

감사하기 7회기

목표

감사의 영향력 이해와 실천

준비물

명찰, 필기도구, 여분의 편지지, 잔잔한 음악(CD),
우표가 붙어있는 봉투

LOVE

Happy Practice

7회기 감사하기

이 시간의 목표는 감사의 영향력에 대한 이해와 감사의 실천이다.

지난 시간의 과제 검토

☞ 오늘의 감사일기

☞ 대표강점의 실행

☞ 용서편지 쓰기

감사의 성격

감사(gratitude)의 정의

감사는 자신에게 베풀어진 다른 사람의 수고와 배려를 인식하고, 고마움을 느낄 뿐만 아니라 그에 보답하려는 개인적 성향을 의미한다. '선물을 받았을 때'의 경험에서 알 수 있듯이 감사는 다른 사람의 행위로 인해서 혜택과 이익을 얻었다는 인식과 더불어 그에 수반하는 긍정적인 감정으로 이루어진다.

감사의 구성요소

* 은혜를 입은 사실에 대한 기쁨과 축복감
* 은혜를 베푼 사람에 대한 고마움과 우호적인 감정
* 은혜를 베푼 사람에게 고마움과 우호적 감정을 표현하려는 행동적 성향

감사의 구성

* 내면적인 감사경험
* 행동적 반응인 감사표현
* 감사의 경험과 표현을 촉진하는 가장 중요한 요인은 삶에 대한 넓은 관점

감사의 혜택

* 심리적 안녕과 행복감의 증진
* 신체적 건강의 증진
* 겸손하고 친절한 행동의 유발
* 다른 사람과의 의미 있고 지속적인 인간관계 촉진
* 친사회적인 행동의 실행
* 도덕적인 행동의 지속
* 파괴적인 대인관계 행동의 억제

감사를 촉진하게 하는 요인

* 삶에 대한 낙관적이고 관대한 시각
* 영적인 자각과 종교성
* 반성하고 관조하는 능력
* 자신의 삶이 다른 사람과 밀접히 연결되어 있다는 상호의존성의 인식

* 긍정적 경험을 음미하는 능력
* 도움을 준 사람의 노고와 희생을 감지하는 공감능력
* 자신의 성공에 대한 다른 사람의 도움을 인정하는 겸손한 태도

나의 감사 목록 작성

나에게 없으면 매우 불편하지만, 있으면 다행스러운 것을 찾아 '감사의 목록'을 만들어 보자. 자신의 나이에다가 30개를 합한 수만큼 만들어 본다. (20세라면 50개)

1 ______________________________

2 ______________________________

3 ______________________________

4 ______________________________

5 ______________________________

6 ______________________________

7 ______________________________

8 ______________________________

9 ______________________________

10 ______________________________

11 ______________________________

12 ______________________________

13 ______________________________

14 ______________________________

15 ______________________________

16 ______________________________

17 ______________________________

18 ______________________________

19 ______________________________

20 ______________________________

21 ______________________________

22 ______________________________

23 ______________________________

24 ______________________________

25 ______________________________

26 ______________________________

27 ______________________________

28 ______________________________

29 ______________________________

30 ______________________________

31 ______________________________

32 ______________________________

33 ______________________________

34 ______________________________

35 ______________________________

36 ______________________________

37 ______________________________

38 ______________________________

39 ______________________________

40 ______________________________

41 ______________________________

42 ____

43 ____

44 ____

45 ____

46 ____

47 ____

48 ____

49 ____

50 ____

*감사목록 작성을 완료한 후, 다시 한 번 읽어보고 느낌을 기록해 보자.

감사한 마음을 지니고 있지만, 아직 제대로 감사함을 표현하지 못한 사람을 찾아보자. 누구인가? 무엇으로 인해 감사한가?

감사의 대상	
감사의 이유	

감사의 편지 쓰기

나누어준 편지지에 감사의 표현을 하지 못한 사람들에게 감사의 편지를 써 보자. 다 작성한 후 편지봉투에 주소를 기입하고 우표를 붙인 후 제출한다.

감사의 문자 보내기

바로 지금 여기에서 감사를 표현하고 싶은 주변 사람들에게 감사의 문자(혹은 카톡)를 보내 보자. 어떠한 반응이 오는지 기록해 본다.

감사의 문자	
반응	

감사 나누기

오늘까지 7회기를 참여해오는 동안 집단의 구성원 중 가장 고마웠던 사람은 누구이며, 그 이유는 무엇인지 작성한 후 나누어 보자.

오늘의 활동을 마치며 무엇을 알게 되었고 어떤 느낌을 갖게 되었는가? 질문이 있다면?

과제 1 대표강점 활용계획을 통해 계획한 것을 일주일 동안 행동으로 옮기기

과제 2 사랑하는 사람에게 긍정적이고 적극적으로 반응했던 사례 찾아오기

과제 3 오늘의 감사일기 (　　년　월　일　　요일)

매일 밤 잠자리에 들기 전에 그날 있었던 일들을 돌이켜보면서 감사할 만한 일을 세 가지 이상 적어둔다. 인생에 대한 막연한 감사가 아니라, 하루 동안 있었던 일 중에서 구체적으로 적어야 한다. 머릿속으로 회상만 하는 것으로는 부족하다. 반드시 글로 기록한 후에 잠자리에 들도록 한다. 하루 중 감사한 일을 기억하기 위해 그때그때 메모지나 스마트폰의 메모장 기능을 활용하는 것도 한 방법이다.

1.

2.

3.

(　　년　월　일　　요일)

1.

2.

3.

(　　년　월　일　　요일)

1.

2.

3.

(년 월 일 요일)

1.

2.

3.

(년 월 일 요일)

1.

2.

3.

(년 월 일 요일)

1.

2.

3.

(년 월 일 요일)

1.

2.

3.

"감사 구덩이가 뭡니까?"

제가 자라던 어린 시절, 겨울이 다가올 무렵이면 가정마다 겨울을 잘 보내기 위하여 어른들이 준비하는 것이 두 가지 있었습니다. 한 가지는 겨울 동안 땔 연탄이나 장작을 준비하는 것입니다. 가정의 재정적인 형편에 따라 몇백 장 또는 몇십 장의 연탄을 광에다 들여놓거나 산을 오르내리며 장만한 장작을 광이나 부엌 가까이에 쌓아놓곤 하였습니다. 다른 한 가지는 뒤뜰 땅바닥에 구덩이를 파고 항아리를 묻은 후 배추 김장이나 무 김장을 하여 넣어두는 것입니다. 물론 지금도 농촌이나 한옥에 사시는 분들은 김장독에 김치를 담그기도 하겠지만, 대부분 아파트 문화인 도시에서는 김장독 대신 김치 냉장고에 김치를 담그는 시대가 되었습니다.

긴긴 겨울 따뜻한 아랫목에 엉덩이를 붙이고 둘러앉아 두런두런 이야기를 나누던 기억과 밥맛을 잃거나 특별한 반찬이 없을 때 김장독에서 김장김치 한 포기를 가져다가 손으로 찍찍 찢어 먹으며 밥을 단숨에 꿀떡 넘기던 기억은 생각만 하여도 군침을 돌게 합니다. 추위를 대비하여 땔감과 김장을 준비하는 우리 선조들의 지혜는 이렇듯 우리들에게 '유비무환'이라는 교훈과 함께 아름다운 추억거리를 제공해줍니다. 겨울이 오기 전 땅에 구덩이를 파고 항아리를 묻은 후 김장을 해 두었다가 필요할 때 멋지게 찾아 쓰는 것을 보며, 저는 오늘도 구덩이를 파고 항아리를 묻는 작업을 하고 있습니다. 인생의 혹독한 겨울이 오기 전 평온한 날에 저의 마음 한가운데 구덩이를 파고 항아리를 묻은 후 '감사의 제목'들을 찾아 차곡차곡 넣어 둡니다. 그러다가 인생의 겨울을 만나 두려움과 괴로움, 불안과 좌절, 외로움과 배신감이 엄습해올 때마다 마음속 구덩이에 담아놓은 감사의 목록들을 하나하나 끄

집어내어 위로와 격려, 신뢰와 사랑 등 따뜻하고도 소중한 기억들을 회상함으로써 훌륭히 극복하는 것입니다.

상담자를 훈련시키거나 '자기존중감' 또는 '긍정적인 자아개념'을 증진시키는 프로그램 중에 자신의 장점을 찾아 기록하는 것이 있습니다. 우리나라 사람들의 대부분은 '장점'을 찾으라고 하면 무언가 큰 상을 받은 일이 있거나 다른 사람과 비교하여 자랑할 만한 일을 찾기 때문에 장점 찾기를 매우 어려워하는 경향이 있습니다. 그래서 저는 학생들을 대상으로 하는 프로그램에서 '장점 목록' 대신에 '감사의 목록'을 작성하게 합니다. '나에게 없으면 매우 불편하지만, 있으면 다행스러운 것'을 찾아 감사의 목록을 만들어 보라고 말입니다. 기본적으로 자신의 연령에다가 30개를 보태어 기록하라고 주문합니다. 1학년생인 경우 19살이라면 49개(19세+30개=49개)의 감사목록을 작성하게 합니다. 학생들이 볼멘 목소리로 질문합니다. "교수님, 감사할 것이 어디 있다고 그렇게 많이 찾으라고 하십니까?" 그런 질문을 받을 때마다 학생들에게 일단 자신의 신체를 살펴보면서 그 부분이 없다면 매우 불편하지만 있어서 다행한 부분을 찾아 감사의 목록을 만들어 보라고 합니다.

사물을 바라볼 수 있는 눈이 있어서 감사합니다.
어디로든 걸어 다닐 수 있는 다리와 발이 있어서 감사합니다.
만져볼 수 있고 포옹할 수 있으며 들 수 있는 팔과 손이 있어 감사합니다.
아름다운 향기와 산소를 들이마실 수 있는 코가 있어 감사합니다.
견해를 표현할 수 있고 맛있는 음식을 먹을 수 있는 입이 있어 감사합니다.

다음에는 자신의 가족을 둘러보며 감사의 목록을 찾아보게 합니다.

부모와 형제가 있어서 감사합니다.
할아버지와 할머니가 살아계셔서 감사합니다.
돌아가신 부모님의 산소가 가까이 있어 감사합니다.

그다음에는 주위의 관계를 바라보며 찾아보라고 합니다.

대학교에 입학할 수 있어서 감사합니다.
좋은 교수님들을 만나게 하셔서 감사합니다.
멋진 선배와 친구들을 만나게 하셔서 감사합니다.
훌륭한 시설에서 공부할 수 있어서 감사합니다.
장래의 꿈과 비전을 갖게 하심을 감사합니다.

마지막으로는 자연환경 속에서 감사의 제목을 발견하게 합니다.

사계절이 뚜렷한 대한민국에서 태어나게 하심을 감사합니다.
마음껏 무료로 공기와 바람, 바다와 강물을 사용하게 하심을 감사합니다.

학생들이 작성해 온 '감사목록'은 대부분 동일하게, 시작할 때의 고민은 하나도 없이 오히려 해당 개수를 초과 작성하곤 합니다. 목록의 말미에는 다음과 같이 고백하고 있어 과제물을 부여한 교수로서 흐뭇한 마음은 이루 헤아릴 수 없습니다.

"늘 불평만 하고 살았는데, 이렇게 많은 감사 거리가 있음이 정말 감사합니다."

삶 속에서 걱정거리를 만나 낙심될 때마다 저는 발달심리학 교재 속에 소개되어 있는 '정자와 난자의 수정'을 기억하며 힘을 얻기도 합니다. 3억 내지 4억 개의 정자가 한 개의 난자를 만나 수정하여 인간이 탄생된다는 과학적 사실 말입니다. 결국 '나'라는 존재는 4억대 1, 아니 1억을 감한다 하더라도 3억 대 1의 경쟁을 뚫고 나온 존귀한 존재인 것입니다. '공무원 시험을 친다, 고시를 치룬다, 대기업 입사 시험을 친다' 하더라도 수백 대 1의 경쟁률은 있지만, 억 대 1의 경쟁률은 존재하지 않는데, 나라는 존재는 이 세상에 태어날 때 이미 3억 대 1의 경쟁률을 뚫고 태어났으니 낙심할 필요가 없고 자신감과 자부심을 갖게 되어 무한한 감사의 마음이 듭니다.

그래서 이메일의 닉네임을 만들 때 '감사 구덩이'라고 작명하여 사용해오고 있습니다. 내 마음 한 모퉁이에 구덩이를 파고 날마다 체험하는 감사의 제목을 그곳에 묻어 놓았다가 인생의 겨울에 하나씩 끄집어내어 회복과 치유의 기쁨을 맛보려고 말입니다. 저의 메일을 받아본 학생들이 질문을 합니다.

"교수님, 감사구덩이가 뭡니까?"

"아, 그거…. 요즘 말로 고치면 '날마다 감사'라는 거야."

현재 저의 이메일 닉네임은 학생들의 독해력을 고려(?)해 '날마다 감사'라고 쓰고 있습니다.

오프라 윈프리의 감사일기 쓰는 법

1. 내 마음에 드는 작은 노트를 장만한다.
2. 감사할 일이 생기면 언제 어디서든 기록한다.
3. 아침에 일어날 때나 저녁에 잠자리에 들 때 하루를 돌아보며 감사의 제목을 찾아 기록하는 시간을 갖는다.
4. 거창한 감사의 제목을 찾기보다 일상의 소박한 감사를 놓치지 않는다.
5. 사람을 만나면 그 사람으로부터 받는 느낌, 만남이 가져다준 기쁨 등을 기록해 나간다.
6. 교회나 학교에서 '감사일기 쓰기 모임'을 만들어 함께 쓴다.
7. 버스에 있거나 혼자 공공장소에 있을 때, 그동안의 감사제목들을 훑어본다.
8. 정기적으로 감사의 기록들을 나누고 격려한다.
9. 나의 감사제목이 어떻게 변화하고 있는지 지켜본다.
10. 카페나 정원 등 나만의 감사일기를 쓰는 조용하고 편안한 장소를 정하는 것도 좋다.

사랑과 친밀감 증진하기

8회기

목표

고유한 사랑의 언어 탐색과 적극적 · 창의적인 반응으로 사랑과 친밀감 증진

준비물

명찰, 워크북, 필기도구

LOVE

Happy Practice

8회기 사랑과 친밀감 증진하기

이 시간의 목표는 고유한 사랑의 언어탐색과 적극적, 창의적인 반응으로 사랑과 친밀감 증진 방법을 익히는 것이다.

지난 시간의 과제 검토

☞ 오늘의 감사일기

☞ 대표강점의 실행

☞ 사랑하는 사람에게 긍정적이고 적극적으로 반응했던 사례

사랑의 언어 탐색하기

"달콤한 수업"

'화이트데이'를 앞두고 가게에 들렀습니다. 제가 강의하는 날이 마침 화이트데이여서 만나는 학생들에게 뭔가를 선물하고 싶었습니다. 가게에는 화이트데이를 앞두고 여러 형태의 선물을 준비하고 있었습니다. 무얼 고를까 하고 보고 있는데 옆에서 여학생들이 제일 좋아하는 사탕

이라며 자그마한 막대가 달린 사탕을 권유하는 것이었습니다. 화이트데이에 만나는 학생들이 120명 정도가 되기에 커다란 통에 든 사탕을 골랐습니다. 마치 어렸을 때 과자를 사 들고 퇴근하시던 아버지처럼 즐거운 마음으로 화이트데이인 3월 14일 1교시 수업에 들어갔습니다.

수업을 준비하며 담소를 나누던 학생들은 "와"하고 환호를 하였습니다.

"교수님, 바로 사탕을 먹고 싶은데요."

"그래, 오늘 첫 수업은 달콤한 수업(?)을 해보자꾸나."

저를 제외한 모든 학생들이 사탕을 입에 물고 수업에 참여했습니다. 그 자그마한 사탕 하나가 오전 9시 첫 수업의 피곤을 상큼하게 물리쳤을 뿐만 아니라, 즐거움으로 하루를 시작하게 했으니 투자에 비해 너무나 큰 결실을 얻게 된 것입니다. 사탕으로 즐거워하는 학생들을 바라보고 있노라니 우리 대학에 오기 전 지역의 한 방송사 라디오방송 '별이 빛나는 밤에'라는 프로그램에서 밤 11시 20분경 생방송으로 청소년들과 상담을 하던 때가 문득 떠올랐습니다.

어느 날 어떤 학생이 '발렌타인데이'와 '화이트데이' 등에 대해 이야기를 시작하였는데, 참여하던 다른 학생 하나가 상술에 이용되기 때문에 이런 날들을 없애야 한다고 하며 저의 견해를 물어왔습니다. 저는 상술에 이용되는 측면도 없진 않지만, 우리나라 사람들, 특히 경상도 사람들이 마음에 있는 사랑을 표현하고 싶어도 무뚝뚝한 지역 정서나 전통 등으로 인해 정작 사랑은 표현하지 못하고 화를 표출하는 경우가 많아, '경상도 사람'하면 집에서 세 마디 밖에 안 한다는 등의 특성으로 소개되는 현실에서 민망하지 않고도 합법적으로(?) 사랑을 표현할 수 있는 공식적인 날들이 있다는 것은 참 다행스럽다고 생각한다, 어렸을 때 사랑을 표현하는 연습을 많이 하면 어른이 되고 부모가 되었을 때, 자연스럽게 사랑하는 사람에게 가족에게 배우자에게 자녀들에게 이웃들에게 사랑을 표현할 수 있으니 지혜롭게 선물을 선택할 수만 있다면 권장하고 싶다는 저의 생각을 밝힌 바 있었습니다. 오늘에 와서 보면 그때에 비해 사랑을 숨기지 않고 적절하게 표현하는 모습을 주위에서 많이 볼 수 있게 되어 흐뭇하기 이를 데가 없습니다.

사람들은 누구나 사랑을 나누길 원함과 동시에 받기를 원합니다. 부모와 자녀 간에, 스승과 제자 간에, 부부 간에, 친구들 간에 사랑을 나누길 원합니다. 그러나 여러 관계에 있는 사람들을 만나보면 사랑을 했다는 사람은 많지만, 사랑을 받았다고 하는 사람은 그다지 많지 않은 것을 보게 됩니다. 그래서 많은 상담학자와 심리학자들은 그 이유를 알고자 심층적인 연구들을 하였습니다. 그 결과 사랑의 언어가 사람마다 동일하지 않음을 발견하게 되었습니다. 각자가 느끼는 사랑의 언어가 다르다는 것입니다. 그중에서 게리 채프만이라는 상담학자는 수천 쌍의 커플들을 만나 그들에게 이렇게 물어보았습니다. “당신은 어떻게 해 줄 때 사랑받고 있는 느낌이 듭니까?” 그 답을 분석하여 사람은 다섯 가지 방법으로 사랑을 이해하고 전달하고 있다는 결론을 내렸습니다.

첫째, ‘신체적인 접촉’을 통해 사랑받고 있음을 느낀다는 것입니다. 포옹하며 키스하기, 안마, 등 긁어주기, 귀 후벼주기, 마사지나 팔 어깨를 가볍게 만져주기, 업어주기, 무릎에 앉히고 책 읽어주기 등의 신체적인 접촉으로 사랑받고 싶어 하기에 이런 사람들은 상대방이 분노나 적개심을 신체적으로 표현하면 치명적인 상처를 입는다는 것입니다. 둘째, ‘인정하는 말’을 통해 사랑받고 있음을 느낀다는 것입니다. 사랑과 애정이 담긴 말, 칭찬과 격려, ‘너밖에 없어’ 등의 인정해주는 말로 사랑받고 싶어 하기에 이런 사람들은 말을 가로막거나 순간적으로 흥분해서 내뱉는 말들로 자존감에 상처를 입는다는 것입니다. 셋째, ‘함께하는 시간’을 통해 사랑받고 있음을 느낀다는 것입니다. 집중된 관심을 표하는 시간, 함께 있는 자체가 아니라 무엇인가 함께 하는 것, 생각과 감정을 함께 나누기, 식사시간, 짧은 여행 등으로 사랑받고 싶어 하기에 함께 하는 시간을 충분히 갖지 못하고, 관심도 제대로 주지 못하면, 자기를 사랑하지 않는다는 숨 막히는 불안감을 경험하게 된다는 것입니다. 넷째, '선물'을 통해 사랑받고 있음을 느낀다는 것입니다. 자발적으로 기꺼이 주는 것, 정성껏 포장된 선물, 창의성을 자극하는 의미 있는 선물로 사랑받고 싶어 하기에 선물이 파괴되거나 잃어버리면 큰 충격을 받게 되고, 그것에 대하여 퉁명스러운 설명을 하면 큰 실망을 하게 된다는 것입니다. 마지막 다섯째, '봉사'로 사랑받고 있음을 느낀다는 것입니다. 신체적 · 정서적 요구를 포함하여 연령에 맞는 봉사, 때에 맞는 봉사, 사랑의 봉사로 사랑받고 있음을 느끼므로 자신의 요구를 거절하거나 심한 말이나 잔소리로 대응하면서 들어주면 상심을 하게 된다는 것입니다.

'제1의 사랑의 언어'를 구사하면서, 동시에 다른 사랑의 언어도 함께 구사해 줄 때 사랑의 그릇은 충분히 채워지고, 늘 안정감을 느끼며 모든 면에서 자기 능력을 발휘하게 됩니다. 가만히 눈을 감고 생각해 보면 어떨까요? 나와 우리 가족, 선후배, 친구들의 제일가는 사랑의 언어가 무엇인지 말입니다. 성경 요한일서 3장 18절에 "자녀들아, 우리가 말과 혀로만 사랑하지 말고, 오직 행함과 진실함으로 하자"는 말씀이 있습니다. 아름다운 계절, 화창한 햇살 속에서 사랑의 언어를 찾고 사랑의 언어로 표현하는 우리들의 행복한 가정, 행복한 우리들의 학교가 되기를 소망해 봅니다.

〈우리 조, 사랑의 언어 탐색〉

이 름	별 칭	사랑의 언어

사랑하는 사람에게 긍정적이고 적극적으로 반응했던 예화를 적어보자.

*누구와의 관계였는가?

*상대방에게 어떤 좋은 사건이 있었는가?

*그때 어떻게 적극적 · 긍정적으로 반응하였는가?

*이렇게 반응하였을 때 상대방의 반응은 어떠했는가?

*무엇을 얻거나 깨달았는가?

(적극적-긍정적으로 반응하기가 잘 되지 않은 경우)
'이렇게 반응하였더라면 좋았었겠다'와 같은 아이디어와 피드백 제공

동물가족화를 활용한 '가족 강점 탐색'

다음 페이지에 있는 20가지 종류의 동물 사진을 살펴본 후, 자신과 가족의 특성에 적합한 동물의 사진을 이용하여 '가족화'를 작성한다. 가위나 칼을 사용하지 않고 손으로 찢어 155쪽에 붙인다.

특별한 방법은 없으며 자신이 붙이고 싶은 방식대로 자유롭게 붙인다. 물론 자신의 것도 붙인다. 동물을 붙인 후 그 밑에 아버지 혹은 어머니라고 호칭을 쓴 후 가족들의 강점이라고 생각되는 것을 호칭 아래에 표시(예, 아버지 - 정직 / 어머니 - 사랑)한 후, 조원들끼리 발표해 본다.

오늘의 활동을 마치며 무엇을 알게 되었고 어떤 느낌을 갖게 되었나? 질문이 있다면?

호랑이

양

코끼리

코뿔소

사자

양

소

돼지

기린

곰

개

캥거루

닭

원숭이

오리

하마

고양이

염소

토끼

낙타

〈우리 가족 강점 탐색〉

"아빠와 사진 찍기"

드디어 아빠와 사진을 찍었다. 이 과제가 내일까지란 말에 나와는 상관없는 일처럼 미루고 미루다가 아빠와의 사진을 오늘에서야 찍게 되었다. 사실은 아빠가 퇴근하고 집에 오셨는데 어떻게 말을 꺼내야 할지도 모르겠고, 온통 머릿속에는 사진뿐이었다. 난 도저히 용기가 나질 않았고 아빠와 아무렇지 않게 지내고 말도 많이 하는 다른 친구들이 내심 부러웠다. 그 친구들은 모두 다 이번 과제가 쉬웠을지도 모른다. 나는 솔직히 이 과제를 하는 것에 있어서, 아니, 교수님의 과제를 항상 받다가 이제야 말하는 것이지만 솔직히 기분이 좋지는 않았다. 왜냐하면 나는 늘 나 자신을 스스로 방어하고 숨기기 바빴다. 좀 더 정확히 말하자면 그럴 수밖에 없게 내가 변했었다. 그런데 교수님의 과제는 솔직한 답변을 적는 과제였기 때문에 과제를 하지 않을 수도 없고 그렇다고 나 자신을 다른 사람에게 비추기도 싫었다. 그 항목들의 질문에 나 스스로 대답하고 간직하고 나아가 '힐링'도 하고 싶었기 때문이다. 그리고 혹시나 오가며 누군가가 나의 글을 읽을 수도 있고 교수님만 보신다 하더라도 나 자신이 이미 내가 지금까지 나를 방어해오고 숨겨온 것이 말짱 도루묵이 되는 게 아닌가 하는 생각이 많았다. 그렇다고 그 과제에 거짓으로 답변을 하거나 대충한 적은 한 번도 없었다. 하지만 상담을 한다는 심정보다 내 스스로 '힐링'을 한답시고 어김없이 이번 과제도 하게 되었다.

아빠한테 먼저 사진 찍자고 한 적은 내 기억으로는 태어나서 처음이었다. 여느 때와 다름없이 방에 혼자 들어와 친구와 카톡을 주고받으며 어떻게 사진을 찍고, 아니면 사진을 찍지 않고 어떤 다른 방법으로 과제를 할지 수십 번 고민했다. 막막했다. 그러다가 슬퍼졌다. 왜 아빠와 좀 더 가까운 사이가 되지 못한 건지에 대해 후회가 되었다. 그러다가 어렸을 때 아빠와 찍었던 사진을 꺼내 볼까 생각도 들었다. 이번 과제는 아빠와 함께 사진을 찍어 오는 것인데 교수님의 취지에 어긋나서 혹여나 과제를 다시 해야 할까 봐, 아니면 과제 점수를 잘 받지 못할까 봐 마음을 억눌렀지만, 한편으로는 과제 점수를 잘 받지 않아도 좋으니 어릴 적 사진을 꺼내 들어야겠다는 마음도 있었다. 그만큼 나에겐 너무너무 어려운 과제였다. 그렇지만 언젠가 아빠와 사진을 한 번 찍어보고 싶었다. 그래서 그냥 눈 딱 감고 방문을 열고 거실로 나갔다. 마침 아빠가 엄마와 밥을 다 먹고 난 뒤 TV를 보고 계셨다. 그런데 아빠가 밥을 드시면서 엄마와 술을 한 잔 하셨다. 그래서 아빠의 얼굴이 빨개 있었다. 우리 아빠는 술을 드시면 얼굴이 빨개지신다. 나도 아빠처럼 몸 안에 해독능력이 없어 술을 먹으면 빨개지는 것을 닮았다. 이럴 때면 영락없는 아빠 딸이다. 그리고 아빠와 사진을 찍기 위해 엄마를 징검다리로 이용했다. 엄마에게 과제 때문에 아빠와 사진을 찍어야 하니 사진을 찍어 달라 했다. 엄마는 흔쾌히 찍어주겠다며 소파의 쿠션도 정리하고 방석도 막 정리하시기 시작했다. 신이 나셨던 것이다. 그러고는 좀 더 붙어보라며, 웃어보라며, 딸을 좀 안아보라며 요구 사항이 많으셨다. 나는 더 부끄럽고 어색해 엄마보고 그냥 대충 빨리 찍어달라며 재촉했다. 엄마는 평소 내가 아빠와 사이가 서먹한 것을 안다. 그런데 그런 딸이 아빠와 사진을 찍다니 어딘가 모르게 기특하기도 하고 기쁘기도 하셨을 것이다. 그래서 사진을 찍어 주시는데 입이 내내 귀에 걸리셨다. 그 모습이 웃겨 아빠와 어색함도 잠시 아빠의 알코올 냄새와 함께 사진을 다급히 찍었다. 사실 좀 부끄러웠다. 아빠가 내 어깨에 손을 올리고 사진을 찍었다. 정말 최근 몇 년간, 아니 내 기억에 아빠와 그렇게 가깝게 앉아있었던 적이 있었나 싶을 정도로 아빠가 낯설었지만 그것도 잠시 아빠의 품은 의외로 따스했다. 사진을 처음에 한 장 찍었는데 사진을 쓱 보더니 배가 많이 나와 보인다며 다시 찍자며, 얼굴이 너무 빨갛다며 엄마와 오가며 우스갯소리도 하셨다. 순간 아빠도 오랜만에 찍는 나와의 사진에 신경을 쓰고 계셨다는 것을 느낄 수 있었다. 사실 지금 이 글을 쓰고 있지만, 아직도 손과 마음이 떨린다. 이렇게 아빠와 교류가 많이 없었던 것에 대해 많이 죄송하고 또 죄송하다. 비록 과제라는 핑계를 가졌지만 먼저 다가가 준 나를 어떻게 생각하실까 궁금하기도 했다. 하지만 나는 사진을 찍자마자 확인하고 곧장 방으로 들어왔다.

사실 아빠라는 이름의 무게가, 가장이라는 이름의 무게가 얼마나 무거울지 안다. 오늘은 아빠에게 많이 감사한 날이다. 집에서는 무뚝뚝한 딸이라서 표현을 잘 안 하지만 엄마와 아빠에게 늘 감사함을 느끼고 산다. 그리고 친구에게 아빠와 사진을 찍었다고 하자 자기의 일처럼 너무너무 좋아해 주었다. 사진을 찍고 보니 정말 아무것도 아닌 일이었다. 내가 먼저 다가가면 될 것을 그 하나를 못 해 이렇게까지 마음의 문을 닫고 지냈던 것 같다. 그리고 지난 과제였던 '동물가족화'를 지금 다시 한다고 가정하고 혼자 속으로 그려보았다. 아빠는 아무래도 고양이가 좋겠다. 긍정프로그램을 할 때는 아빠를 '개'로 표현하였다. 어감이 약간 이상하지만, 동물 개다. 강아지가 크면 불리는 그 개다. 왜냐하면 나는 개를 무서워하고 질겁하지만 늘 주변에서 쉽게 볼 수 있고 개와 친해지고 싶고 무서워하지 않게 되고 싶기 때문에 아빠를 개에 빗대었다. 그리고 두 번째로 이번에 수업시간에 했던 '동물가족화'에서는 아빠를 '사자'로 표현했다. 그 사이에 바뀐 것이다. 그냥 무게 있고, 무섭고, 다가갈 수 없는 존재인 사자 같아서 그렇게 빗대었다. 제일 처음 동물가족화와 비교하면 친해지고 싶은 것이 사라진 것을 볼 수 있다. 그런데 이제는 아빠를 '고양이'로 표현하고 싶다. 왜냐하면 나는 개처럼 고양이 역시 세상에서 없어졌으면 좋겠고 그만큼 증오하고 싫어하고 무서워한다. 고양이가 내 옆을 지나가면 온몸에 소름이 끼치고, 심지어 엄마가 전생에 쥐였냐고 할 정도로 고양이가 싫다. 그런데 우리 반 친구 성미가 고양이를 키운다. 몇 주 전에 잠시 성미 집에 들르는 바람에 성미가 키우는 고양이를 처음으로 보았다. 그 고양이의 이름은 호두이다. 그리고 애들과 시내에서 노는데 갑자기 호두가 생각나고 보고 싶은 것이다. 고양이를 싫어하는 내가 고양이가 보고 싶다니 애들도 놀라워 하였다. 그리고 난 며칠 뒤 애들과 만나러 가는 길에 성미 집에 잠시 들렀다. 그런데 성미가 호두를 안고 있었는데 여전히 무서웠지만 왠지 한 번 만져보고 싶었다. 그래서 발을 한 번 쓰다듬었다. 내 인생 최고의 도전이었다. 내가 고양이를 만지고 온 것이다. 다음에 갈 때는 좀 더 용기를 내어 꼬리를 만지고 올 것이다.

이렇듯 아빠가 그런 것 같다. 이제 나는 고작 아빠의 발을 만진 셈이다. 무섭고 싫어했지만 이제는 찬찬히 다가갈 수 있을 것 같다. 나는 아빠가 나이를 드시면 점점 딸과 친해진다는 근거 없는 말을 믿는다. 나는 지금껏 아빠가 조금 더 나이를 드시기까지 기다리기나 해야겠다고 그렇게 이기적으로 생각했다. 하지만 이제는 좀 다르다. 하루하루 늙어 가시는 아빠의 든든하고 자랑스러운 딸이 되고 싶다. 감히 아빠에게 직접 사랑한다고 늘 감사하다고 말할 수 있는 날이 곧 올 것이라 다짐한다. 쓰다 보니 말이 길어졌지만 내가 이번 과제를 하며 느낀 것처럼 교수님도 이 글을 읽고 느끼고 뿌듯해하셨으면 좋겠다.

과제 1 대표강점 활용계획을 통해 계획한 것을 일주일 동안 행동으로 옮기기

과제 2 오늘의 감사일기 (년   월   일   요일)

매일 밤 잠자리에 들기 전에 그날 있었던 일들을 돌이켜보면서 감사할 만한 일을 세 가지 이상 적어둔다. 인생에 대한 막연한 감사가 아니라, 하루 동안 있었던 일 중에서 구체적으로 적어야 한다. 머릿속으로 회상만 하는 것으로는 부족하다. 반드시 글로 기록한 후에 잠자리에 들도록 한다. 하루 중 감사한 일을 기억하기 위해 그때그때 메모지나 스마트폰의 메모장 기능을 활용하는 것도 한 방법이다.

1.

2.

3.

(년   월   일   요일)

1.

2.

3.

(년   월   일   요일)

1.

2.

3.

(년 월 일 요일)

1.

2.

3.

(년 월 일 요일)

1.

2.

3.

(년 월 일 요일)

1.

2.

3.

(년 월 일 요일)

1.

2.

3.

긍정대화법 I 9회기

목표

의사소통 시 듣기와 말하기의 중요성과 상대방을 배려하는 공감을 연습

준비물

명찰, 워크북, 수면안대, 필기도구

LOVE

Happy Practice

9회기 긍정대화법 I

이 시간의 목표는 의사소통 시 듣기와 말하기의 중요성과 상대방을 배려하는 공감을 연습하는 것이다.

지난 시간의 과제 검토

☞ 오늘의 감사일기

☞ 대표강점의 실행

달팽이집 찾아가기

- 두 사람씩 짝이 되고, 한 사람은 달팽이, 다른 한 사람은 안내자가 된다.
- 달팽이 역할을 하는 사람은 그림의 진입 화살표에 볼펜을 대고, 안대를 한다.
- 안내자는 중심의 목적지(집)를 향해 안내를 말로만 한다.
- 길의 벽에 닿지 않도록 하면서 신속하게 안내한다.
- 가다가 힘들면 잠시 쉬었다가 목적지까지 꼭 도착하도록 안내한다.
- 역할을 바꾸어 해 본다.

활동을 마친 후 그림을 보며 느낌을 작성해 보자.

달팽이가 되어 안내자의 말만 듣고 달팽이집을 찾아간 사람의 마음

안내자가 되어 달팽이집으로 데려가는 사람의 마음

이럴 때 나의 마음은?

여러분이 다음과 같은 상황에 있다면 어떤 느낌이 들지 생각하여 기록해 보자.

수채화 물감으로 색칠하고 있는데 친구가 지나가다 쳐서 물통이 엎질러졌다.
(예: 잘 그려서 칭찬받고 싶었는데 정말 속상하다.)

조를 바꾸었는데 조원들이 나와 함께 같은 조가 되기 싫다고 말했다.

( )

배탈이 나서 처음으로 지각을 했는데 심하게 꾸중을 들었다.

( )

수업시간에 짝꿍이 말하는 것을 듣기만 했는데 교수님이 나만 야단치셨다.

( )

현장실습 가는 날 우리 학과 승차버스에 나만 혼자 짝 없이 앉아서 갔다.

( )

공감하기

공감이란 상대방의 경험, 감정, 사고, 신념 등을 상대방의 관점과 입장에서 듣고 이해하는 능력. 상담장면에서는 치료의 효과를 높이기 위해 상담자가 이렇게 이해한 바를 내담자에게 전달해야 한다. 친구의 마음이 되어 공감해 보자.

어떤 아이가 장난하다가 내 친구 영이에게 물을 끼얹어 머리와 옷이 엉망이 되었다. 영이의 마음을 공감해 준다면?
(예: 갑자기 물을 덮어 써서 참 속상하고 짜증이 나겠구나.)

복도에서 여러 친구가 서로 말을 하고 있다가 미영이가 다가가자 말을 중단하고 교실로 들어가 버렸다. 이때 미영이의 마음을 공감해 준다면?

( )

한 아이가 내 친구에게 심한 욕을 해서 친구가 울고 있다. 친구에게 공감하는 말을 한다면?

( )

◻ 윤지는 친구한테 모르는 영어문제를 물어보았다. 그런데 그 친구가 윤지 말을 들은 체도 안했다. 윤지의 마음을 공감해 준다면?

( )

◻ 친구가 모르는 문제를 경주가 열심히 가르쳐 주고 있는데 다른 친구들이 시끄럽다고 조용히 하라고 한다. 이때 경주 마음을 공감해 준다면?

( )

오늘의 활동을 마치며 무엇을 알게 되었고 어떤 느낌을 갖게 되었나? 질문이 있다면?

과제 1 대표강점 활용계획을 통해 계획한 것을 일주일 동안 행동으로 옮기기

과제 2 최근에 동성 또는 이성친구 혹은 가족과 다투었던 일화를 생각한 후, 그때 어떤 대화들이 오고 갔는지 구체적으로 소개해 본다.

과제 3 오늘의 감사일기 (년   월   일   요일)

한 주간 잠자리에 들기 전, 그날 있었던 일들을 돌이켜보면서 감사할 만한 일을 세 가지 이상 적어둔다. 인생에 대한 막연한 감사가 아니라, 하루 동안 있었던 일 중에서 구체적으로 적어야 한다. 머릿속으로 회상만 하는 것으로는 부족하다. 반드시 글로 기록한 후에 잠자리에 들도록 한다. 하루 중 감사한 일을 기억하기 위해 그때그때 메모지나 스마트폰의 메모장 기능을 활용하는 것도 한 방법이다.

1.

2.

3.

(년   월   일   요일)

1.

2.

3.

(년   월   일   요일)

1.

2.

3.

(년 월 일 요일)

1.

2.

3.

(년 월 일 요일)

1.

2.

3.

(년 월 일 요일)

1.

2.

3.

(년 월 일 요일)

1.

2.

3.

긍정대화법 II 10회기

목표

긍정대화법 연습을 통한 효과적인 의사소통의 증진

준비물

명찰, 워크북, 필기도구

LOVE

Happy Practice

10회기 긍정대화법 II

이 시간의 목표는 긍정대화법 연습을 통한 효과적인 의사소통의 증진이다.

지난 시간의 과제 검토

☞ 오늘의 감사일기

☞ 대표강점의 실행

☞ 최근에 동성 또는 이성친구 혹은 가족과 다투었던 일화

긍정대화법 / 나-전달법

긍정대화법은 불만을 긍정적인 형태로 타인에게 전달함으로써 긍정적인 결과를 낳도록 하는 방법이다. 즉, WIN-WIN으로 가는 방법이다.

너-전달법(You-message)

네가 달리기를 잘 못해서 우리 반이 졌어.

너 때문에 짜증나.

과제 좀 베끼려고 했는데 빌려주지 않다니, 너 참 치사하다.

나-전달법(I-message)

나는 네가 나와 지키기로 약속한 비밀을 다른 친구에게 이야기해서 너에게 실망스러워. 왜냐하면 그 친구가 그 비밀을 다른 친구들에게도 이야기할 수 있기 때문이지.

나는 네가 내 학용품을 나에게 물어보지도 않고 마음대로 사용해서 화가 나. 왜냐하면 네가 쓰는 동안 나는 사용할 수가 없었거든.

긍정대화법의 세 가지 규칙

1. 반드시 대화를 '너'가 아니라 '나'로 시작한다.
2. 반드시 불만이 아니라 소망을 표현한다.
3. 반드시 긍정적인 감정 단어를 사용한다.

〈긍정대화법의 예〉

- 불만: 너는 맨날 왜 그러니?
  ⇒ 소망: 나는 네가 다음부터는 이렇게 해주었으면 좋겠어.
- 불만: 너는 왜 툭하면 짜증내니?
  ⇒ 소망: 나는 네가 조금은 다정하게 말해주었으면 고맙겠어.
- 불만: 너는 왜 이렇게 게으르니?
  ⇒ 소망: 나는 네가 조금만 더 성실하게 생활해주면 무척 기쁠 것 같아.

긍정대화법의 방법

- I Feel ~
  나는 ~게 느껴(그로 인한 나의 느낌을 구체적인 감정 단어로 묘사).
- About What ~
  ~에 대해서(상대방이 한 행동 또는 상대방의 행동으로 인해 내게 미친 영향 및 결과에 대해 구체적으로 묘사)
- I Need ~
  난 네가 ~(A)게 해주었으면 ~(B)하겠어.

A: 상대방에 대해 내가 바라는 행동을 구체적으로 묘사

B: 상대가 그렇게 해 주었을 때 내 느낌/기분이 어떠하겠다는 구체적인 긍정적 감정단어를 묘사

나-전달법의 공식

- 나는 네가 (행동) 때문에 (감정)라고 느껴서, 나는 (구체적 영향)하다.
- 나는 네가 (행동)했기 때문에 나는 (구체적 영향)되어, 나는(감정)하다.

⇒ 행동에 대한 비난없는 서술(①) + 나에게 미친 구체적 영향(②) + 내 감정(③)

⇒ ②와 ③은 바뀌어도 됨.

긍정대화법의 연습

1. 오늘 윤경이는 친구인 승욱이와 커피숍에서 오후 1시에 만나기로 하였다. 그런데 승욱이는 한 시간이나 늦은 2시에 나타났다. 여러분이 윤경이라면?

너 전달법( )
나 전달법( )

2. 단짝인 영록이는 일주일 전에 급히 쓸 일이 있다면서 돈 만 원을 빌려가면서 오늘 돌려주기로 했다. 나는 오늘 여자친구와 극장을 가기로 했는데, 영록이에게 오늘 돈을 받기로 하였기 때문에 따로 돈을 준비해 오지 않았다. 그런데 영록이는 깜박 잊어버렸다는 것이다. 전에도 한 번 그런 일로 낭패를 당한 일이 있었다.

너 전달법( )
나 전달법( )

3. 경숙이는 자신의 물건을 만지는 것을 싫어한다. 그런데 정애는 자주 경숙이의 물건을 건드리곤 한다. 경숙이는 매번 화가 나는 것을 참았다. 오늘도 정애는 경숙이의 물건을 건드는 것이었다. 여러분이 경숙이라면?

너 전달법( )
나 전달법( )

4. 지난 시간 과제였던, 최근에 동성 또는 이성친구 혹은 가족과 다투었던 일화를 소개해 보자. 그때 어떤 대화들이 오고 갔는지 구체적으로 소개해 본다. 이 문제를 놓고 집단 전체가 그 자리에서 함께 역할연기를 해본다. 이때 제스처 및 어조가 긍정대화내용과 일치해야 한다. 이를 악물고 이야기하면 효과가 없다.

예) 친구가 학용품이나 책을 빌려가고 상습적으로 안 갖다 줄 때

예) 친구가 툭툭 건드릴 때

5. 집단이 문제 상황을 해결하기 위한 창의적인 아이디어를 토론해 본다. 모든 성원이 직접 실제 문제 상황을 아래의 빈칸에 직접 써 보자.

각자가 맞닥뜨리는 실제의 문제 상황에는 어떤 것이 있는가?

문제상황을 해결하기 위한 브레인스토밍

오늘의 활동을 마치며 무엇을 알게 되었고 어떤 느낌을 갖게 되었나? 질문?

과제 1 대표강점 활용계획을 통해 계획한 것을 일주일 동안 행동으로 옮기기

과제 2 즐거움을 증진시키는 자신만의 방법 찾아보기

과제 3 즐거운 추억이 담겨있는 사진 가져오기

과제 4 오늘의 감사일기 (년 월 일 요일)

오늘 밤 잠자리에 들기 전 그날 있었던 일들을 돌이켜보면서 감사할 만한 일을 세 가지 이상 적어둔다. 인생에 대한 막연한 감사가 아니라, 하루 동안 있었던 일 중에서 구체적으로 작성해야 한다. 머릿속으로 회상만 하는 것으로는 부족하다. 반드시 글로 기록한 후에 잠자리에 들도록 한다. 하루 중 감사한 일을 기억하기 위해 그때그때 메모지나 스마트폰의 메모장 기능을 활용하는 것도 한 방법이다.

1.

2.

3.

(년 월 일 요일)

1.

2.

3.

(년 월 일 요일)

1.

2.

3.

(　　　년　월　일　　요일)

1.

2.

3.

(　　　년　월　일　　요일)

1.

2.

3.

(　　　년　월　일　　요일)

1.

2.

3.

(　　　년　월　일　　요일)

1.

2.

3.

"행복이 보이는 가족대화"

한때 아내와의 사이에 대화의 단절로 인한 위기를 겪은 적이 있었다. 나는 하루 종일 많은 사람들을 상대로 강의를 하거나 상담을 하는 직업적인 특성으로 인해 정작 가정으로 돌아와서는 입을 열기조차 힘들었다. 그래서 어느 정도 휴식하기까지는 가족들이 나에게 아무런 말도 걸어오지 않기를 원하곤 했다.

맛있는 음식으로 저녁 식사를 준비하며 남편의 퇴근을 기다리던 아내는 피곤함에 지친 내 모습을 보며 처음에는 매우 안쓰럽게 생각하였다. 하지만 그런 날들이 계속되자 점점 실망스러운 눈빛이 역력하더니 급기야는 섭섭한 마음을 내비치기 시작했다.

남편이 퇴근하면 하루 동안의 일상생활을 대화거리로 부부간의 사랑을 나누고자 했던 아내의 눈에는 그러한 나의 태도가 자신을 무시하는 행위로 느껴졌던 것이다. 아내는 '어쩌면 저렇게 자신만 생각하고 가족을 전혀 배려하지 않는 이기적인 자세를 가질까'라며 나에게 분노를 터트리기도 했다. 그뿐만 아니라 부부 사이에 관심과 사랑이라고는 눈곱만큼도 없는 관계로 오해하고 마음의 문빗장을 걸어 버렸다.

그러한 아내를 바라보며 처음에는 그다지 심각하게 생각하지 않았다. 하지만 점차 아내와의 사이에 대화가 사라지고 마음이 답답해지며 무언가 막다른 골목으로 달려만 가는 기분 나쁜 상태를 서서히 느끼게 되었다. 위기감을 느낀 것이다. 그제서야 나는 코믹한 일을 만들어 아내에게 다가가려 했지만 지나간 버스처럼 관계가 회복되지 않았다. 오히려 다가가면 다가갈수록 거리감은 더 생기는 것만 같았고, 여러 가지 화해를 위한 시도는 퇴짜를 맞기가 일쑤였다.

하지만 한동안의 대화단절과 냉전은 우리의 간구와 소망을 아신 하나님의 도우심으로 상대방의 입장에 서서 생각하는 기회를 갖게 하였다. 아내와의 대화를 막은 표면적 원인은 점차 늘어만 가는 나의 일에 따른 것이었지만, 일차적 원인은 상대방에 대한 관심 부족이었음을 깨닫게 된 것이다. 이러한 생각은 웃음과 즐거움이 있는 행복한 가정으로 다시 돌아가고픈 욕구로 바뀌었다.

우리 부부는 욕구의 해결을 위해 대화거리를 찾기 시작했다. 아내의 아이디어 제공으로 가정과 직장에서 각자의 속도에 따라 달리 읽어왔던 성경 본문을 동일한 내용으로 맞추어 묵상하기로 했다. 말씀 묵상 후에는 개인적인 느낌과 생각을 나누었다. 또 기도노트를 만들어 함께 기도시간을 가짐으로써 개인과 가족의 어려움이나 소망을 더 자세히 알게 되었다. 가족과의 대화시간도 퇴근 후 이어지는 강의 등으로 인해 불가능해지자 아내는 도시락을 싸서 점심시간을 대화의 자리로 활용하기 시작했다. 서투른 시도이기는 했지만, 신록이 어우러진 공원에서의 짧은 점심시간은 우리에게 소중한 대화의 장을 마련해주었다.

요즘 들어 사춘기에 접어든 중학교 2학년생 딸을 지켜보며 다시금 대화를 위한 새로운 시도의 필요성을 느끼곤 한다. 어렸을 때는 마냥 귀엽기만 하고 이런저런 일로 대화의 꼬리를 물기에 바빴던 딸아이, 이제 사춘기에 접어들어 자신만의 공간과 영역이 생겨 쉽게 다가갈 수 없는 존재가 되어가고 있다. 딸에 대해 모르는 것이 없다고 할 정도로 자랑스럽게 생각했던 것이 어제 일만 같은데 이젠 아는 일보다 모르는 일이 더 많아져 가는 것 같다.

딸이 초등학생이었을 때는 딸의 학업을 지도하거나 가족신문 등을 함께 만들며 대화를 나누곤 했다. 중학생이 되고 나서는 학업을 지도할 시간도 능력도 부족하여 무력감을 느끼기도 한다. 또 주말만 되면 함께 하던 가족여행도 딸아이의 스케줄이나 의사를 고려하여 계획해야만 하게 되어 어디에선가 막히는 듯한 느낌이 든다. 딸도 아빠, 엄마와의 관계에서 뭔가 모르게 서먹서먹해져 감을 느끼는 것 같다.

아내와 나는 성장하여 떠나가는 딸에게 맞춘 '눈높이 대화'를 연구하여 시도하고 있다. 이메일로 마음을 나누고, 대화노트를 만들어 한 주에 한 번 글로써 깊은 대화를 주고받고 있다. 딸의 의사를 존중한 여행코스를 개발하고 딸아이 세대의 유행을 인정하고, 딸이 좋아하는 곳에서 쇼핑을 함께 하며, 여유가 있으면 함께 악기를 연주하며 노래를 즐김으로써 가족공동체의식을 같이 나누는 것 등이다.

가까운 이웃들 중 닫힌 대화로 인해 가정이 위기에 처해 있음을 보게 될 때 진심으로 안타까운 마음이 든다. 대화의 단절로 상처받은 가족이 있어 그들에게 한발 늦은 관심으로 다가가 다시 대화를 시도하고자 할 때, 설혹 거절당할 수도 있다. 하지만 그 상처 깊은 내면을 바라볼 수 있는 사랑의 눈을 가지고 닫힌 마음의 문을 열기 위해 끊임없이 노크해야만 한다. 왜냐하면 닫힌 사람처럼 보이는 그 가족구성원도 마음속 깊이에는 다른 가족과 더 깊은 대화를 원하고 있기 때문이다. 아내가 닫혀 있으면 남편이, 남편이 닫혀 있으면 아내가, 자녀가 닫혀 있으면 부모가, 부모가 닫혀 있으면 자녀들이 끊임없이 노크했으면 한다.

(행복한 가정을 만드는 사람들, 2001. 5 · 6월호, pp. 20~22)

향유 · 음미하기 11회기

목표

생활 속 즐거움 자각과 대표강점 활용을 통한 친절성의 배양

준비물

워크북, 필기도구, 카메라 혹은 스마트폰

LOVE

Happy Practice

11회기 향유 · 음미하기

이 시간의 목표는 생활 속 즐거움 자각과 대표강점 활용을 통한 친절성의 배양이다.

지난 시간의 과제 검토

☞ 오늘의 감사일기

☞ 대표강점의 실행

☞ 즐거움을 증진시키는 자신만의 방법

인생을 향유하기

똑같은 음식이라도 허겁지겁 먹으며 맛을 느끼지 못하는 사람이 있는가 하면, 천천히 맛을 음미하며 행복한 식사시간을 갖는 사람이 있다. 같은 산길을 걷더라도 각양각색의 꽃과 풀들을 유심히 관찰하며 자연의 아름다움을 만끽하는 사람이 있는 반면, 발걸음을 재촉하며 무심히 스쳐 지나가는 사람도 있다. 행복을 증진하는 방법 중 하나는 우리의 삶에서 접하게 되는 긍정적인 경험들을 충분히 음미하고 만끽하며 향유하는 것이다.

옥스퍼드 영어사전을 보면 동사 향유하기(savoring)의 주요 정의가 두 가지로 나와 있는데, 하나는 음식 맛의 즐거움을 감상하는 것이고, 다른 하나는 '어떤 경험이든' 그 경험으로부터 오는 즐거움을 감상하는 것이다. 여기서는 두 번째 의미에 가깝다. 즉, 사람들이 자신의 성취나 사회적 관계로부터 비롯된 행복을 경험하고 있거나, 자연과 즐거운 교감을 나누거나, 행복한 종교적 체험을 하거나, 어려운 일을 해내거나 아이들이 성장하는 것을 지켜보면서 기뻤던 순간들을 되돌아보거나, 다른 수많은 긍정적인 느낌들로 인해 쾌감을 경험한다면 그것은 향유(savor)에 해당한다.

향유의 세 가지 필수 전제조건

1. 사회적 혹은 인정 욕구로부터 자유로워지기

2. 현재에 주의를 집중하기

3. 경험의 긍정적 측면에 주의 기울이기

향유 환경을 향상시키는 방략

1. 일상생활에서 휴식시간 갖기 / 일일 휴가 연습

목적: 사람들에게 '주도적인 향유'를 직접 경험할 수 있게 해주고, 매일 규칙적으로 향유하는 기회를 제공해 주며, 일상생활에서 향유 기술을 연습할 수 있도록 도와주는 것이다. 어떤 사람들은 이 연습을 한 후에 일일 휴가를 자신의 고정된 일상으로 만들고 싶어 한다.

1) 한 주 동안 매일 적어도 20분씩 즐겁게 시간을 보낼 수 있는 일들로 '일일 휴가'를 계획하고 실행한다(예: 산책하기, 정원에 앉아 있기, 책 읽기, 커피 마시기, 외식하기, 박물관이나 미술관 가기, 샤워나 욕조에서 목욕하기, 친구와 시간 보내기, 석양 바라보기 등). 매일 같은 활동을 하기보다 다양한 경험을 한다면 연습이 더 잘 이루어질 것이다. 여러분의 선택은?

2) 일일 휴가를 시작하기 전에 적어도 20분 동안은 걱정, 근심, 짓누르는 책임감, 스트레스의 원인들을 떨쳐버려야 한다는 점을 명심하고 향유하는 동안 주의가 분산되지 않도록 환경을 조성하는 데 최선을 다한다. 판단하지 말고, 사물을 처음 혹은 마지막으로 보는 것처럼 바라보며 현재 일어나는 일과 느껴지는 것들에 집중해야 한다.

3) 일일 휴가를 보내는 동안, 여러분이 즐겁다고 생각되는 개별 자극과 감각을 알아차리고, 명료하게 자각하자. 긍정적인 느낌을 확인하고 분명하게 명명하도록 한다. 관련된 느낌과 자극을 능동적으로 잘 기억해두고 눈을 감고 그 느낌을 속으로 충분히 음미한 다음, 긍정적인 느낌을 밖으로 표현해 보자.

4) 일일 휴가가 끝나면 내일의 휴가를 계획하고 기대하기 시작한다. 하루가 저물면 일일 휴가를 되돌아보고, 자신이 향유했던 긍정적 느낌들을 되새겨 본다.

5) 한 주가 끝나면 7일간 행한 '일일 휴가'를 잠시 회상해본다. 즐거웠던 활동들을 돌아보고 일일 휴가에서 느꼈던 긍정적 느낌들을 재경험한다. 지난 한 주간의 느낌과 바로 이 순간의 느낌을 일상적인 한 주 동안의 느낌과 비교해 본다. 사람들은 평상시 느낌과 비교했을 때 일일 휴가들로 보낸 한 주를 더 행복하다고 느끼며, 그 주의 마지막 날 더 행복함을 느낀다고 보고한다.

2. 경험에 대한 개방성 높이기 / 인생 되돌아보기 연습

목적: 사람들에게 연결하기라는 인지적인 향유과정을 직접 경험하는 기회를 제공하는 것이다. 여기에서 우리는 긍정적 경험들을 연결함으로써 현재 일어나고 있는 향유경험을 확대 및 지속시킬 수 있다. 이 방법은 처음엔 상당한 노력을 필요로 하지만 결국에는 습관적인 사고 패턴이 될 수 있다.

1) 최근에 향유한 활동이나 경험이 무엇인지 확인한다.

2) 그런 향유경험을 마지막으로 했던 때를 생각해보고 가능한 자세히 그때의 상황, 그 자리에 있었던 사람들, 날짜 등을 적어본다.

3) 2단계에서 보고한 것과 비슷한 또 다른 시간에 대해서도 동일한 작업을 한다.

4) 무언가를 향유한 최초의 기억에 대해 같은 작업을 한다.

3. 주의초점 좁히기 / 사진 찍기 연습

목적: 평범한 대상이 시각적인 즐거움을 선사하는 방식에 있는 그대로 주의를 기울여 관찰할 수 있게 된다. 사진사는 시야에 들어온 대상을 유심히 관찰하고 이미지를 구성하기 위해 시간을 들인다. 종종 우리가 찍은 사진 작품에서 광채가 나면서, 그 대상들을 직접 살펴보고 사진을 찍을 때 느꼈던 즐거운 체험이 강화되기도 한다. 우리는 사진을 통해 처음 눈으로 볼 때 느꼈던 기억의 흔적이 담긴 이미지를 떠올릴 수 있다.

1) 사진기를 단순한 기종으로 준비한다. 디지털카메라 혹은 휴대폰카메라를 사용하는 것이 좋다.

2) 시각 장에 다채로운 빛이 들어올수록 연습이 효과적이기 때문에 가능하면 맑은 날을 택한다. 집이 한적한 곳에 있다면 근처 길가에서

할 수 있고, 소음이 많은 도시에 산다면 공원이 좋겠다. 잠시 앉거나 설 수 있는 편안한 장소를 찾고, 그 순간 시야에 들어오는 것들을 잠시 훑어본다.

3) 가까운 곳에 있는 대상을 하나 찾는다. 건물 전체가 될 수도 있고 건물의 일부가 될 수 있다. 나무나 다른 식물이 될 수도 있다. 바라보는 동안 가만히 있을 만한 것이면 무엇이든 좋다. 자신이 선택한 대상에서 추상적인 패턴을 보려고 노력한다. 그것은 색깔, 빛 그리고 음영의 대비가 될 수도 있고, 재질의 변화가 될 수도 있다.

4) 그 대상에 대해 취할 수 있는 대안적 관점들을 볼 수 있도록 여러 각도에서 사진을 찍기 시작한다. 한 방향으로 조금씩 움직이다가 반대 방향으로 움직이고 사진기를 점점 높이 들었다가 점점 낮게 든다. 자세나 각도를 달리하여 마음에 드는 사진을 찍는다. 균형이나 대칭은 신경 쓰지 말고, 그저 흥미롭고 재미있는 이미지를 찍는다. 이것은 카메라 콘테스트가 아니며, 단지 자신의 향유 기술을 발전시키는 데 도움이 되는 연습임을 명심한다.

5) 또 다른 대상을 찾아 디지털카메라로 30~40장을 찍되, 3단계와 4단계에서 한 동일한 과정을 반복한다.

6) 필름을 되도록 빨리 현상해서 자신이 좋아하는 패턴이 담긴 사진들을 주의 깊게 관찰한다.

7) 가능한 빨리 다른 날을 잡아 같은 대상이나 비슷한 대상에 대해 2단계에서 6단계까지 반복한다.

사진을 통한 인생의 향유

(지난 시간 과제였던 사진을 보며 향유의 시간을 가져본다.)

이곳에 즐거운 추억이 담겨있는 사진을 붙인다.

오늘의 활동을 마치며 무엇을 알게 되었고 어떤 느낌을 갖게 되었나? 질문이 있다면?

"또 기억에 남는 활동이 있는데 그건 맨 마지막 시간에 했던 조별로 사진 찍는 것이었다. 조별로 사진을 찍는 것뿐만 아니라 유아교육과 단체 사진도 찍고 친구들과 어울려 사진을 찍으니 저절로 웃음이 나고, 수업 활동이 아닌 친구들과 놀러 와서 사진을 찍는 기분이었고, 야외에서 하는 수업이라서 더 즐겁고 재미있었던 활동이었다."

과제 1 대표강점 활용계획을 통해 계획한 것을 일주일 동안 행동으로 옮기기

과제 2 자신의 대표강점을 남을 돕기 위해 사용할 수 있는 구체적인 방법 찾기

과제 3 오늘의 감사일기 (년 월 일   요일)

한 주간 잠자리에 들기 전 그날 있었던 일들을 돌이켜보면서 감사할 만한 일을 세 가지 이상 적어둔다. 인생에 대한 막연한 감사가 아니라, 하루 동안 있었던 일 중에서 구체적으로 적어야 한다. 머릿속으로 회상만 하는 것으로는 부족하다. 반드시 글로 기록한 후에 잠자리에 들도록 한다. 하루 중 감사한 일을 기억하기 위해 그때그때 메모지나 스마트폰의 메모장 기능을 활용하는 것도 한 방법이다.

1.

2.

3.

(년 월 일   요일)

1.

2.

3.

(년 월 일   요일)

1.

2.

3.

(　　　년　　월　　일　　　요일)

1.

2.

3.

(　　　년　　월　　일　　　요일)

1.

2.

3.

(　　　년　　월　　일　　　요일)

1.

2.

3.

(　　　년　　월　　일　　　요일)

1.

2.

3.

"보여, 을신당 리끼대 다니합랑사"

대학과 대학원에서 프로이트(Freud)의 심리학을 배우면서 아이가 부모간의 관계를 질투하고 그것으로 인해 갈등하는 오이디푸스 콤플렉스(Oedipus Complex)와 일렉트라 콤플렉스(Electra Complex)를 공부한 적이 있습니다. 그 당시에는 그저 그러려니 하고 머리로만 생각했는데, 자식을 키우다 보니 실제로 그런 경우를 종종 당해 다시 한 번 생각하게 됩니다.

저의 딸이 다섯 살이던 어느 여름 날, 여느 때와 마찬가지로 퇴근 후 집으로 돌아와 거실에서 아내와 TV를 시청하며 담소를 나누고 있었습니다. 저와 아내의 대화를 한쪽에서 지켜보던 딸은 아내가 잠시 자리를 비운 사이 제 곁에 다가와 귀를 당기며 소근대었습니다. "아빠, 엄마에게 사랑해 하지 마세요." 당돌하기도 하고 신기하기도 하여 딸에게 그 이유를 물으니, 그냥 듣기 싫다는 것이었습니다. 그 순간 학창시절 공부했던 프로이트의 개념이 떠올랐습니다. '이게 바로 그것인가 보구나'하여 아내에게 딸의 이야기를 전하며, 딸의 마음을 위해 부부간의 정겨운 표현을 조금 자제하기로 했습니다.

한 일주일쯤 지났을까. 한동안 자제했던 표현을 우리는 다르게 바꾸어서 해 보았습니다. "I Love You." 영어로 하면 어떻게 알겠나 하면서 말입니다. 아빠와 엄마의 대화를 듣고 있던 딸은 일주일쯤 지나자 다시 제게 다가와 '러브 유'를 하지 말라는 것입니다. 딸이 느끼기에 '여보, 사랑해'나 '러브 유'가 똑같다는 것이었습니다. '햐, 요것 봐라'하며 놀란 저는 다시 또 새로운 표현을 사용해 보았습니다. "Ich libe dich" 딸에게는 독일 사람들의 인사라고 둘러대었습니다. 발음이 좀 둔탁했던 관계로 약 이 주일을 견뎌내었습니다. 딸은 그것도 앞서의 표현과

똑같다는 것이었습니다. 저는 제가 마지막으로 알고 있던 외국어를 구사해 보았습니다. "れたしは あなたを とても あいしますよ" 문장이 길어서였던지 딸은 '아이시마스'를 읊조리며 한두 주를 무사히(?) 보내었습니다. 딸이 그것마저도 제동을 걸어 왔을 때, 저는 마지막이라 생각하며 기발한 아이디어를 짜내었습니다. "보여, 을신당 리끼대 다니합랑사." 딸과 아내는 둘 다 귀를 쫑긋하였습니다. 아내에게는 저의 고육책을 설명해 주었습니다. 이 말은 다름 아니라 "여보, 당신을 대끼리 사랑합니다"라고 말입니다. 아내는 손뼉을 쳤습니다. 제 아이디어가 괜찮았던 모양입니다. 헌데 신기한 것은 딸이 더 이상 반대를 하지 않은 채 제게 다가와 좀 짧은 말이 없냐고 하여 "해랑사"가 있다고 했더니 자기에게도 "해랑사"를 해 달라는 것입니다. 가만히 생각해보니 딸애가 처음 자신의 의사를 밝힌 지 벌써 수개월이 흐른 것입니다. 그새 프로이드의 갈등 기간이 끝나고 딸애의 마음속에 여유가 찾아온 것이었습니다.

저는 이 과정을 통해 귀중한 것을 발견하였습니다. 그것은 저의 딸이 엄마와 아빠의 대화와 표정을 내내 주시하면서 혹시라도 자신이 우리 가족의 우선순위에서 밀려나지나 않을까 하는, 다시 말해 자신이 우리 가정에서 가장 사랑받는 존재이며, 가장 고귀한 존재인 것을 지키려 했다는 사실이었습니다.

사람은 누구나 자신이 귀중한 존재이기를 원합니다. 자기가 자기를 존중하고 사랑할 때 자신의 동료들에 대해서도 존중하게 되는 것입니다. 예수님도 '네 이웃을 내 몸과 같이 사랑하라'고 했습니다. 내 몸, 즉 내가 나를 사랑하지 않는데, 다른 사람을 사랑할 수 있다고 하는 것은 어불성설(語不成說)입니다.

나의 가치를 인정하는 것, 바로 그것이 동료와 이웃을 존중하는 것이며 행복의 출발인 것입니다.

충만한 삶 살아가기 12회기

목표

진정한 행복의 의미 발견과 긍정적 자기 인식을 통한 방향 설정

준비물

워크북, 필기도구

LOVE

Happy Practice

12회기 충만한 삶 살아가기

이 시간의 목표는 진정한 행복의 의미 발견과 긍정적 자기 인식을 통한 방향설정이다.

지난 시간의 과제 검토

☞ 오늘의 감사일기

☞ 대표강점의 실행

☞ 자신의 대표강점을 남을 돕기 위해 사용할 수 있는 구체적인 방법

친절행동 계획하고 수행하기

남을 돕기 위해 대표강점을 사용함으로써 삶의 의미를 찾는다. 성격적 강점 찾기에서 발견한 자신의 대표강점 5가지를 다른 사람을 돕기 위해 어떻게 사용할지 구체적인 방법들을 찾아본다. 상당한 양의 시간을 요구함으로써 '시간이라는 선물'을 선사할 수 있는 구체적인 계획을 하나씩만 기록한다.

〈대표강점 5가지 활용한 '시간이라는 선물' 계획하기〉

1)

2)

3)

4)

5)

예: 아동에 대한 멘토링, 지역사회 봉사활동, 노인복지시설 봉사 등 아이디어가 떠오르지 않는 사람의 경우는 다른 조원들로부터 자문이나 조언을 구할 수 있다.

장점세례

집단원 한 사람 한 사람에 대해서 돌아가며 솔직하게 좋은 점과 존경스럽고 칭찬해 줄 만한 점들을 사방에서 폭탄세례를 하듯이 얘기해 준다.

이 름	별 칭	장 점

활동이 끝난 후, 집단원들이 나에게 준 표현에 대해 진심으로 받아들이고 이를 더욱 개발해 나가도록 한다.

자신에 대해 느낀 점이나 깨달은 점

활동을 통해 각 집단원이 자신의 장점을 찾아 지적해 주는 상대방에게 느낀 감정들을 서로 교환해 보자.

장점을 찾아 지적해 주는 상대방에게 느낀 감정

새로운 나 13회기

목표

나의 과거와 현재를 분석하고 나의 미래를 계획하기

행복수업을 통해 달라진 자신의 모습을 탐색하기

준비물

4절 도화지, 화보가 많이 있는 잡지, 풀, 사후 검사용 질문지, 필기도구, 수료증

LOVE

Happy Practice

13회기 새로운 나

이 시간의 목표는 나의 과거와 현재를 분석하고 나의 행복한 미래를 그려보는 것이다.

꼴라쥬 작성하기

* 4절 도화지 한 면의 반을 접어서 한쪽의 절반은 '나의 과거'로, 다른 반면은 '나의 현재'로, 뒷면 한 면 전체는 '행복한 나의 미래'를 주제로 잡지의 화보를 보면서 주제에 적합한 사진이나 그림 활자를 손으로 찢어서 풀로 붙여보자.

* 조별로 자신의 작품을 설명하고, 다른 조원들의 작품 발표를 보며 이번 교양 과목의 주제인 '행복한 삶과 웰빙'에 대해 이해하는 시간을 가져보자.

사후검사

경험보고서 작성하기

그동안 진행되었던 내용 중에서 가장 인상적이었던 것과 개인적으로 도움이 되었다고 여겨지는 것에는 어떤 것들이 있는가?

자신의 삶에서 달라진 부분은 무엇인가?
(무엇이 달라졌는지, 실생활에 도움이 된 것이 있다면 무엇이든지 자유롭게 발표해보자)

그 동안 프로그램이 진행되는 동안 아쉬웠던 점, 개선이 필요한 점 등을 이야기 해보자.
(앞으로의 프로그램 개선에 도움이 되도록)

오늘은 수업 마지막 시간인데, '과거, 현재, 미래'에 대한 잡지를 이용한 콜라주 작업을 했다. 실은 '꿈의 보물지도'를 만들려고 노력했는데, 지금 내가 뭘 해야 할지 몰라서 고민만 하고 있었다. 그런데 오늘 미래 부분이 그런 내용인 것이다. 내가 하고 싶은 것… 몸이 아픈 이후 거기에 생각이 깊이 닿아있어 꿈을 생각하지 못했다. 실은 내가 무엇을 하고 싶은지도 잘 몰랐다. 그런데 오늘 이 작업을 하면서, 처음엔 아예 생각하지도 못하겠다가 갑자기 한 개의 그림을 자르자, 머리속에 형태가 잡혀갔다. 아니, 그림을 보면서 내가 원하는 것을 알게 되었다. "아차차, 나는 경험적 인간이었지." 나는 뭐든 몸으로 부딪혀야 생각을 하는 인간이다. 그 이후 이론을 정립하고 받아들이는 인간이다. 무조건 현실을 향해 직접 부딪혀 봐야 되는 사람.

교수님 덕분에 이러한 작업으로 나의 삶에 꿈을 불어넣을 수 있어 감사하다.

과제 오늘의 감사일기 (　　년　월　일　　요일)

하루를 마감하며 잠자리에 들기 전에 그날 있었던 일들을 돌이켜보면서 감사할 만한 일을 세 가지 이상 적어둔다. 인생에 대한 막연한 감사가 아니라, 하루 동안 있었던 일 중에서 구체적으로 적어야 한다. 머릿속으로 회상만 하는 것으로는 부족하다. 반드시 글로 기록한 후 잠자리에 들도록 한다. 하루 중 감사한 일을 기억하기 위해 그때그때 메모지나 스마트폰의 메모장 기능을 활용하는 것도 한 방법이다.

1.

2.

3.

(　　년　월　일　　요일)

1.

2.

3.

(　　년　월　일　　요일)

1.

2.

3.

(년 월 일 요일)

1.

2.

3.

(년 월 일 요일)

1.

2.

3.

(년 월 일 요일)

1.

2.

3.

(년 월 일 요일)

1.

2.

3.

"새로운 나"

교수님, 안녕하세요? 벌써 행복연습이 끝나가고 종강이네요.

이번 한 학기 동안 교수님과 함께 '행복연습' 수업을 하면서 정말 행복했습니다. 처음에는 행복수업이 뭔가, 행복이라는 것은 개인마다 다른데 어떻게 연습을 한다는 것인지 이해가 되지 않았고 행복연습을 한다고 변하는 것이 있을까? 라는 호기심과 유일한 공강 시간이 없어진다는 것에 대한 아쉬움이 있었어요. 그런데 매주 수업을 하면서 그 아쉬움이 감사함으로 채워졌답니다.

특히나 매주 월요일에 만나는 수업이라 기분 좋은 일주일을 시작할 수 있었어요! 이때까지 해오던 수업과는 다른, 말 그대로 '행복수업'이였어요. 안대를 쓰고 밖으로 나가서 체험도 하고, 감사편지도 보내고, 매일 감사한 일 쓰기 등 많은 활동들을 하면서 많이 웃었고, 웃으면서 행복했던 것 같아요. 매일 공부만 하는 시간에서 이렇게 편안히 얘기를 하고, 나에 대해 알아가니까 정말 '힐링'이 될 수 있었던 시간이었던 것 같습니다. 그리고 정말 재밌는 시간이었어요.

사실 부모님께 사랑한다고 말해본 적이 거의 없어요. 너무 쑥스럽고 나이를 한 살 한 살 먹다 보니 애교도 사라져서……. 하지만 교수님 덕분에 문자로 엄마한테 사랑하고 고맙다는 말을 하게 되었습니다.

교수님 수업을 통해 많은 것을 얻은 것 같아요. 요즘 작은 것에 감사하고, 그로 인해 많은 행복을 느껴요. 비교적 짧은 기간이었음에도 불구하고 저의 생활습관이 조금씩 바뀐 것 같아요. 완전 어메이징! 행복수업을 듣지 않은 다른 조 학생들이 하루는 "야! 행복수업 재밌어?"라고 저한테 물었어요. "응, 진짜 말 그대로 행복해. 행복수업이야!"라고 말했어요. 그만큼 행복한 수업이었답니다.

저번 감사한 일에 적었듯이 교수님과 거리감 없이 말할 수 있어서 감사했고요. 앞으로도 감사하면서 지낼게요. 저희와 함께 하는 마지막 수업 '행복연습'을 통해 교수님도 행복해지셨으면 좋겠습니다. 항상 솔직한 이야기, 삶에 도움이 되는 이야기 해주신 것 잊지 않을 거고. 다음 학년 후배들도 이 프로그램을 하는 행운을 가졌으면 좋겠습니다.

그동안 수고하셨습니다.

나가는 말

행복수업을 마치며…

LOVE

Happy Practice

나가는 말 행복수업을 마치며...

한 학기 동안 함께 해온 여러분께 감사드린다. '행복한 삶과 웰빙'을 목적으로 한 우리들의 행복연습은 아쉽지만 오늘로써 마치게 된다. 비록 프로그램은 오늘 마치지만, 감사일기 쓰기, 대표강점을 실생활에 활용하기, 뒤센 미소 짓기, 긍정적인 스토리텔링, 긍정대화법 등 지금까지 익힌 활동들을 계속함으로써 행복을 위한 평생과업을 지속할 수 있었으면 한다.

행복한 삶의 기술을 배울 수 있는 가장 효과적인 방법은 행복한 사람들과 행복하지 않은 사람들의 라이프 스타일을 비교해보는 것이다. 서울대학교 행복연구센터의 최인철교수(2018)는 자신의 책 「굿 라이프」에서 행복한 사람들의 삶의 기술 10가지를 소개하고 있다. 행복해지기 위해 이렇게 살라거나 저렇게 살라는 처방을 제시하기보다 행복한 사람들과 행복하지 않은 사람들의 차이를 보여주는 연구들을 소개함으로써 스스로 자신에게 적합한 행복의 기술을 찾아보도록 했더니 사람들이 '잘하는 일보다 좋아하는 일을 한다. 되어야 하는 나보다 되고 싶은 나를 본다. 비교하지 않는다. 돈의 힘보다 관계의 힘을 믿는다. 소유보다 경험을 산다. 돈으로 이야깃거리를 산다. 돈으로 시간을 산다. 걷고 명상하고 여행한다. 소소한 즐거움을 자주 발견한다. 비움으로 채운다' 등을 선택했다는 것이다.

긍정심리학자 탈 벤-샤하르(2010)는 연습과 훈련에 의해 행복도를 강화시킬 수 있다고 주장한다. 의도적 선택에 의해 행복도를 높이는 활동을, 지속적인 연습을 통해 습관화하면 얼마든지 더 행복해질 수 있다는 것이다.

행복 수준을 높이려면 자신에게 잘 맞는 전략을 찾는 것이 중요하다. 행복한 사람은 자신이 원하는 것과 자신이 가진 것의 균형을 언제나 맞춰가며 바른 시각을 가지고 사는 사람이다. 사람들은 나이와 성별에 상관없이 건강과 가족 간의 화목, 학업과 취업, 마음의 안정에서 행복을 찾는다. 아침마다 이렇게 의식적으로 말하고 선포해보자.

"오늘 하루 무슨 일이 나를 기다릴지 모르지만, 나는 행복할 것이다. 하나님이 나를 행복한 길로 인도해주실 것이다. 아자!!!"

가족관계연구소의 정동섭 소장(2016)은 다수 긍정심리학자들의 보다 만족스러운 삶을 위한 지침과 여러 사람에 의해 효과가 검증된 행복증진방안들을 종합하여 '오늘 보다 조금 더 행복해지는 법'을 다음과 같이 제안하고 있다. 나는 이 중에서 어떤 방법을 기존에 채택해왔고, 앞으로 어떤 것을 추가로 선택하며 행복을 연습할 것인지 꼼꼼히 살펴보고 실천해보자.

*당신의 축복을 세어 보아라.
*유머와 웃음이 넘치는 생활을 하고, 친절을 베푸는 행동을 실천하라.
*삶의 기쁨을 음미(향유)하라.
*범사에 주변에 있는 중요한 타인들에게 감사하라.
*나에게 상처를 주었던 사람들을 용서하라.
*가족과 친구에게 시간과 에너지를 투자하라.

*당신의 몸을 돌보라.
*스트레스와 역경에 대처하는 전략을 개발하라.
*평생에 걸쳐 추구할 수 있는 가치와 목표에 헌신하라.
*항상 배우는 자세로 살라.
*먼저 행복한 부모가 되어라.
*완벽주의자보다는 최적주의자가 되어라.

지금까지는 정해진 프로그램에 따라 진행을 했지만, 앞으로는 아침에 일어나 눈을 뜨면 그 때부터 프로그램이 날마다 새롭게 시작되는 것이다. 여러분 자신이 리더가 됨과 동시에 참여자가 되어서…….

"지금 하십시오."

찰스 해돈 스펄전(1834~1892)

할 일이 생각나거든 지금 하십시오.
오늘은 하늘이 맑지만 내일은 구름이 보일는지 모릅니다.
어제는 이미 당신의 것이 아니니 지금 하십시오.

친절한 말 한 마디가 생각나거든 지금 하십시오.
내일은 당신의 것이 안 될지도 모릅니다.
사랑하는 사람이 언제나 당신 곁에 있지만은 않습니다.
사랑의 말이 있다면 지금 하십시오.

미소를 짓고 싶다면 지금 웃어주십시오.
당신의 친구가 떠나기 전에
장미가 피고 가슴이 설렐 때
지금 미소를 지어주십시오.

불러야 할 노래가 있다면 지금 부르십시오.
당신의 해가 저물면 노래 부르기엔 너무나 늦습니다.
당신의 노래를 지금 부르십시오.

부록

행복연습을 마무리하며

LOVE

Happy Practice

부록 I 행복연습을 마무리하며

편지 1

나는 지금까지 살면서 상대방에게 상처를 많이 받았다. 사소한 말에도 기분나빠하고, 상처를 잘 받기 때문에 내가 계속 손해 본다는 생각이 들고 머릿속에서 그때마다 일어났던 일이 계속 생각이 났다. 이렇게 나는 정신적으로 많이 약한 사람이었다. 그런데, '행복연습' 수업을 듣고 나서부터 내 마음가짐이 달라졌다.

매일 '감사일기'를 작성하면서 사소한 것에도 감사 할 줄 아는 사람이 되었고, 내가 몰랐던 나의 '강점'을 발견함으로써 자신감도 생겼다. 특히 나에게 가장 의미 있었던 활동은 '용서편지 쓰기' 이다. 내가 어렵게 생각하는 친구 때문에 많이 힘들어하고 있을 때 마침 교수님께서 용서편지 과제를 내주셨다. 나는 이 과제를 받자마자 그 친구가 떠올랐다. 그 친구와 있었던 안 좋은 일들을 생각하면 기분이 좋지 않았기 때문에 처음에는 망설여졌지만 막상 써 보니 그 동안 쌓여 있던 화가 다 풀리는 기분이었다. 편지를 쓰면서 그 친구와 있었던 일을 다시 회상해야 했기 때문에 더 화가 날줄 알았는데, 글로써 용서하려고 하다 보니까 내 마음이 편안해지는 것을 느꼈다. 그리고 교수님께서 답장을 써 주신다고 하셔서 더욱더 나에게는 의미 있는 활동이었다.

또한 집단과 함께 문제 상황을 해결하기 위한 창의적인 아이디어를 토론해보는 활동을 한 덕분에 나는 요즘 항상 기분이 좋다. 내가 맞닥뜨리는 실제의 문제 상황은 '사소한 말에도 쉽게 상처 받는다'와 말을 할 때 상대방의 기분을 나쁘게 하는 친구가 있다는 것이다. 이 문제 상황을 해결하기 위한 브레인스토밍은 흘러가는 데로 놔두거나 그냥 무시하면서 내 마음가짐을 단단히 해야 한다는 것이었다. 나는 이런 방법들을 이미 잘 알고 있다. 하지만 이런 조언들을 친구들에게 직접 들으니까 더 마음에 와 닿았고 신뢰가 갔다. 이 활동을 한 뒤에 나는 상대방에게 기분 나쁜 말을 들었을 때 친구들이 한 말을 생각하면서 내 자신을 스스로 잘 조절했다. 이런 활동을 통해 실천하니까 내 마음이 크게 상처를 받지 않아서 나는 너무 좋았다. 이런 것 때문인지 나는 지금까지 행복연습 강의실에 들어서면 뭔가 마음이 편안해지는 기분이 들었고, 내가 살아가면서 도움이 될 만한 활동에는 또 어떤 것이 있을까라는 기대를 가지면서 수업을 들었던 것 같다. 매시간 마다 정말 좋은 것을 얻고 가는 것 같아서 감사하다. 또한 나는 '소녀시대'조의 조장으로서 조원들을 이끌어나가고 활동을 진행하면서 리더십과 책임감을 배우게 되었고, 감사 나누기 활동에서 집단의 구성원 중 가장 고마웠던 사람을 발표하는 시간을 가졌을 때 조원들이 모두 조장인 나에게 감사하다고 해서 조원들에게 정말 고마웠고, 내 자신에게 뿌듯했다. 그리고 우리가 과제로 제출한 것을 교수님께서 읽어보시고 인상깊은 내용에 빨간색으로 밑줄을 그어주신 것에 너무 감사하다. 내가 쓴 글이 뭔가 더 소중하게 느껴졌고, 내 말에 공감을 해주신 것 같아서 기분이 좋았다. 또한 다음 과제를 제출하기 위해서 글을 작성할 때 더욱더 열심히 쓰게 되는 것 같다.

'행복연습'이라는 수업은 나에게 행복, 기쁨, 희망, 감사 그리고 내게 가장 중요한 '마음의 편안함'을 주었다. 수업을 더 듣고 싶은데 벌써 종강이라니까 너무 아쉽다. 이 수업은 세상을 바라보는 마음을 바꾸게 해주었으며, 나 자신을 더욱더 성숙하게 해주었다. 앞으로 내가 어떻게 하면 나의 불안함을 없앨 수 있는지, 행복감을 어떻게 하면 증진할 수 있는지에 대해서 알게 되었다. 오늘의 감사일기에 나는 이렇게 쓸 것이다.

"행복연습이라는 수업을 들을 수 있었던 것에 감사합니다."

편지 2

교수님 안녕하십니까, 저는 '살아있네 조' 지현입니다. 3월 첫 수업 과제로 첫 주를 보내며 경험 보고서 1을 쓴 것이 아직 생생한데 벌써 마무리 보고서를 쓰고 있다니 믿기지가 않습니다. 여러 가지 체험활동도하고 감상활동도 하고 지루하게 느껴질 수 있는 이론 강의가 아닌 내가 주체가 되어 이루어지는 행복연습 수업을 이제 들을 수 없다는 것이 너무 아쉽고 그동안 많은 시간을 함께하며 정든 조원들과 계속되는 만남이 없어지는 것도 속상합니다. 몸이 멀어지면 마음도 멀어진다고 오고가다 마주치면 어색하지 않을까라는 생각도 들고 다른 교양 수업에서 만나도 이렇게 서로의 눈을 마주보며 이야기 나누는 시간이 없을 거라는 것을 알기에 마음이 아픕니다.

3월 첫 수업, 단지 교양수업을 들으러 온 학생에 지나지 않았던 저는 지금 '살아있네 조' 조원이 되었고 하루에 3가지씩 감사한 일을 찾는 행복한 학생이 되었습니다. 저는 매주 화요일 아침이 되면 설레었고 그 어느 요일보다 화요일에 가장 들떠 있었습니다. 행복연습 시간이 나의 새로운 면을 알아가는 기쁨도 주었고, 가장 재미있는 수업이었기 때문입니다. 그리고 수줍음이 많았던 제가 말도 많고 장난도 많은 활발한 학생이 되었습니다. 물론 이제 친구들과 친해지고 학교에 적응해서일수도 있겠지만 저는 행복연습 수업이 큰 영향을 주었다고 생각합니다. 또 자신감도 부족하고 열등감에 사로잡혀 있던 제가 이제 남의 시선보다 제 마음을 우선시하는 삶을 살고 있습니다. 정말 많이 바뀌었고 정말 많이 행복해졌습니다.

한 가지 더, 오랜 시간동안 미워했던 사람을 용서하게 된 것 같습니다. 정말 용서하는 것이 쉽지 않았고 평생 용서할 수 없을 것만 같은 사람이었습니다. 그런데 그냥 그 사람에 대해 생각하는 시간을 갖고 그 사람에게 '용서편지'를 쓴 것뿐인데 이제는 밉지가 않습니다. 이렇게 간단한 것이었는데 그동안 왜 혼자 속을 끓여왔는지 약간 후회가 되기도 하고 이제라도 마음속 짐 하나를 던 것 같아 가뿐한 마음도 듭니다.

저는 교수님께서 내년부터 1학년 전교생을 대상으로 행복수업을 하실 수도 있다는 말씀을 듣고 기분이 좋았습니다. 학생 한 명 한 명의 과제를 다 읽고 확인하시려면 교수님께서는 힘드시겠지만, 학생들의 입장에서는 작은 감동이라도 줄 수 있고 학생들이 함께 어울리고 자신의 내면을 이해할 수 있는 수업이 필요하다고 생각하기 때문입니다. 저는 교수님의 행복연습 수업이 저희 창신대학교의 상징이 되기를 바랍니다. 우리 학교 학생들의 정신 건강과 행복한 마음을 책임져주는 강의가 되고, 크게는 창신대학교의 행복연습 수업이 정말 어디 어느 곳에서도 알아주는 강의가 될 수 있기를 희망합니다.

제법 쌀쌀한 겨울에 만나 지금은 여름으로 접어드는 따뜻한 계절이 되었습니다. 자연의 변화를 보면 오랜 시간 함께 한 것 같고, 여태 해온 과제들과 행복연습 책을 넘겨보면 정말 많은 것을 했음을 느끼지만, 왜 이리 좀 더 하고 싶다는 아쉬움이 남는지 모르겠습니다. 아쉬운 마음을 달래며 앞으로 남은 3년 반 동안 이렇게 나를 행복하게 만들어주는 강의를 또 다시 만날 수 있기를 바라는 마음으로 이제 글을 마무리 지을까 합니다.

한 학기 동안 저의 이야기를 들어주신 교수님께 감사드리고 2학기 새로운 강의에서의 만남을 기대합니다. 교수님 사랑합니다. ❤

편지 3

첫 수업을 들은 지 엊그제 같은데 벌써 한 학기의 행복연습 수업을 마치게 되었다. 처음 행복연습 수업이 있다는 것을 듣고 나는 행복연습이 요즘 스트레스받는 현대인들이 많으니 치료하는 법을 배우는 평범한 수업인 줄만 알았다. 그래서 다른 수업과 다름없는 이론 수업인 줄만 알았다. 하지만 이내 곧 나의 착각이었다는 것을 알게 되었다.

이 수업이 끝났다는 것은 한 학기의 단순한 수업이 끝났다는 느낌보다 아쉬운 느낌이 강하게 들었다. 다른 어떠한 수업보다도 나를 긍정적으로 만들어주는 수업이었기 때문이다. 행복연습 수업을 하는 동안 나는 친구들과 함께 다양한 활동을 할 수 있었다. 이 과정에서 나는 조원들과 협동심을 기를 수 있었고 친밀감을 형성하는 계기가 되었다.

교수님께서는 우리에게 활동을 주시며 친구들과 공유하고 나누기를 원하셨다. 그래서 우리 조원들은 함께 의견을 발표하고 친구의 말에 귀 기울여 주었다. 처음에는 어색하기만 하였던 조별 활동이 불과 몇 달이 지나자 자신의 의견을 뚜렷이 주장하고 일과를 공유하며 대화할 수 있었다. 이를 통해 친구의 고민도 공감해보고 이해하며, 같이 해결방안을 모색해보는 친밀한 관계로 발전할 수 있었다.

또한 다양한 활동을 하며 이론적인 수업이 아닌 직접 활동에 참여함으로써 간접적으로 수업목표를 달성하고 성취할 수 있었다. 그중 특히 감사일기를 통해 매사에 감사할 줄 알게 되었다. 이 점에서 교수님께 감사의 말씀을 전하고 싶다. 감사일기는 신체의 결함이 없는 것과 원활한 교우관계 등 사소할 수 있는 것에 감사함을 느끼고, 거창한 감사함보다 사소한 것에 집중하며 감사함을 잃지 않는 학생이 될 수 있게 하였다.

한편으로 '행복연습' 수업을 들으며 나는 어떤 행복을 추구하고 살고 있는가를 되돌아보았다. 나는 미래의 행복을 위해 현재의 고통에 대해서 너무 무심했다는 것을 알게 되었다. 늘 교수님께서는 감사하다고 하시며 우리에게 실천으로 보여 주셨다. 그래서 우리는 교수님의 발자취를 따라가고자 한다. 그래서 현재의 감사함을 놓치지 않으려 노력할 것이다.

다양한 활동 중 야외 활동은 인상이 깊었다. 시각장애인의 역할을 맡으며 장애인들의 마음에 공감할 수 있었고, 눈이 있는 저에게 감사함을 다시 한 번 느낄 수 있었다. 이는 어떠한 이론적 설명보다도 강력한 학습이었다. 이 수업을 통해 나는 얻은 것이 많았다. 간추려 정리하면 먼저 자신감, 친밀감, 감사함 등을 기를 수 있었고 정서적으로 힐링이 되었다. 학업에 집중하느라 나를 돌아볼 시간이 없었지만, 이 시간만큼은 나와 친구들에게 집중해 내 삶 속에서 단순히 사소한 것이라도 감사함을 찾으려고 노력했고 단순히 넘어갈 수 있는 당연한 일을 매사 감사히 생각하게 되었다. 그리고 나는 긍정과 부정은 한 끗 차이라는 것을 생각하게 되었다. 부정이 생각의 작은 변화를 통해 긍정적으로 바뀔 수 있다는 것을 깨달았다. 이처럼 많은 감정과 사고를 친구들과 나누고 성장할 수 있었다.

되돌아보면 재미있고 유쾌한 수업시간이었다. 이 수업을 통해 내가 행복해질 수 있겠느냐는 의심을 품었지만, 이제 나는 강점을 활용하는 학생, 감사함을 잊지 않는 학생, 사소한 행복과 즐거움을 아는 학생으로 발전할 수 있었고, 이 수업을 들을 수 있어 행복한 학생이라고 말할 수 있게 되었다.

강점의 증진 방법

부록 II

"노래는 부를 때까지 노래가 아니고,
종은 울릴 때까지 종이 아니며,
사랑은 표현할 때까지 사랑이 아니고,
축복은 감사할 때까지 축복이 아니다."

-김준곤-

LOVE

Happy Practice

부록 II 강점의 증진 방법

지혜 및 지식 관련 감정의 증진 방법

창의성 증진 방법

- 자신의 관심분야에서 매주 최소한 한 가지 이상의 독창적인 아이디어를 생각해 내고 다듬는다.
- 다양하고 창의적인 방식으로 매주 적어도 한 가지의 숙제를 한다.
- 일주일에 한 번은 논문이나 에세이 또는 시를 쓰거나 그림을 그린다.
- 가족이나 친구가 겪고 있는 문제에 대해 창의적인 해결책을 제시한다.
- 어려운 과제를 할 때 친구들과 브레인스토밍(brain-storming)을 한다.
- 자신의 방이나 집을 새롭게 꾸민다.
- 도예, 사진술, 조각, 회화, 서예를 가르치는 교육프로그램에 등록한다.
- 창의적인 저명인사에 관한 책을 읽어보고 그들의 독특성을 확인한다.
- 남은 음식과 같은 재료들을 사용하여 새로운 것을 만들어 본다.
- 카드나 편지지, 블로그 화면 등을 구입하는 대신 직접 제작해 본다.

호기심 증진 방법

- 매주 세 차례 30분 정도 책, 학술지, 잡지, TV, 라디오 또는 인터넷

을 통해 관심 분야의 지식을 확장시킨다.

- 잘 모르는 낯선 주제에 대한 강의, 세미나, 행사 등에 참석한다.
- 자신의 관심사를 공유할 수 있는 사람을 찾아서 그 분야에서 전문 지식을 쌓는 그 사람의 노하우를 배운다.
- 잘 모르는 음식을 하는 음식점에 가본다.
- 자신이 좋아하는 주제에 관해서 아직 잘 모르고 있는 것들의 목록을 만들어 본다.
- 자신의 지식과 기술에 대해 도전적인 일을 시도해 본다.
- 다른 문화권에 있는 사람과 연락하고 지내면서 그 문화권에 대해 배워 본다.
- 매년 적어도 한 번은 새로운 장소를 방문한다.
- 자신의 호기심을 감소시켰던 요인들을 파악하고, 호기심을 불러일으킬 수 있는 세 가지의 새로운 방법을 찾아본다.
- 숲이나 공원, 개천 등에서 매주 한 시간 정도 거닐면서 자연의 변화를 탐구한다.

판단력 증진 방법

- 최근 들어 만족스럽지 못했던 세 가지 행동의 이유를 밝히고 보다 나은 대안을 브레인스토밍해 본다.
- 대화를 하면서 자신의 의견과 반대되는 입장을 취해서 주장을 해 본다.
- 적어도 일주일에 한 번씩 중요한 주제에 대해 연설이나 토론을 한다.
- 중요한 결정을 할 때 자신의 장점과 단점을 분석하고 기록한다.
- 자신과 다른 문화나 배경을 지닌 사람에게 멘토 역할을 해 준다.
- 자신이 강력하게 믿고 있는 의견을 생각해 보고, 그것이 잘못된 것일 가능성을 생각해 본다.

- 자신과 다른 정치적 입장을 선전하는 신문을 읽어보거나 라디오 방송을 들어 본다.
- 위기에 처할 때, 먼저 최선의 시나리오와 최악의 시나리오를 상상한 뒤에 가장 현실적인 대처방식을 결정한다.

학구열 증진 방법

- 학생이라면 '요구되는 것'이 아니라 '추천되는 것'을 읽어 본다.
- 최소한 일주일에 두 번씩 5개의 새로운 어휘를 배우고 활용해 본다.
- 매달 논픽션 책을 읽어본다.
- 매달 새로운 박물관이나 전시장을 참관하고 그곳에서 배운 새로운 지식에 대해 기록한다.
- 적어도 일주일에 한 번씩 도서관에 가서 관심 주제에 관해 읽고 연구한다.
- 다른 사람과 함께 상호 관심사에 대해 대화한다.
- 신문, TV 또는 인터넷을 통해 전 세계에서 일어나고 있는 소식을 접한다.
- 독서클럽에 참여한다.
- 친구와 함께 각자가 잘 아는 것을 가르치고 서로 배울 수 있는 시간을 갖는다.
- 좋아하는 사람들과 함께 책 등을 소리 내어 읽는다.
- 관심 분야의 세미나, 워크숍, 토론회에 참석한다.
- 공장이나 연구소를 방문하여 제품의 생산과정을 이해한다.

예견력 증진 방법

- 내가 알고 있는 가장 지혜로운 사람을 생각해 본다. 그리고 내가 그 사람인 것처럼 하루를 살아보도록 노력한다.

- 요청된 경우에만 조언을 해 준다. 그러나 그 경우에 내가 할 수 있는 한 가장 사려 깊게 조언을 해 준다.
- 친구이든 가족이든 아니면 직장동료이든 두 사람 간의 갈등을 해결하도록 노력한다.
- 가장 최근에 내가 한 5가지 중요한 행동과 결정의 목적을 찾아본다.
- 지혜에 관한 인용문을 읽고 이를 실천하기 위한 세부 단계로 다시 적어본다.
- 자신의 삶에 직접적인 영향을 미치는 과학적 연구들이 갖는 도덕적 함의에 대해 생각해 본다.
- 역사적 · 문화적 · 경제적 관점에서 세계사를 탐구한다.
- 최소한 석 달에 한 번씩 다른 사람들을 자문해 주는 역할을 찾아서 한다.
- 어떤 결정을 할 때 감성과 이성을 모두 활용한다.
- 나보다 어린 사람의 멘토가 되어준다.

사회성 증진 방법

- 누군가 다른 사람을 편하게 느끼도록 해 준다.
- 친구나 가족이 괴로움을 느끼는 때를 인식하고, 그들을 격려해 준다.
- 어떤 사람이 나를 화나게 할 때, 복수를 하기보다 그 사람의 의도를 이해해 보려고 노력한다.
- 불편한 사회적 상황에 적극적 관찰자로 참관하여 어떠한 판단 없이 관찰한 바를 기술해 보도록 한다.
- 4주간 매일 자신이 느낀 감정 5가지를 기록하고 패턴을 모니터해 본다.
- 좋아하는 TV프로그램이나 영화를 음소거 상태에서 보면서 관찰된 느낌을 적어본다.
- 나와 가까운 사람에게 내가 정서적으로 그들을 이해해 주지 못했던

적이 있는지 물어보고 이해할 수 있는 방법에 대해 요청한다.

- 무조건적인 존경심을 갖고 타인의 말에 경청한다.
- 내 친구들 가운데 가장 공감적인 친구를 찾아보고 가까이에서 관찰해 본다.
- 친밀한 관계에서 나의 필요와 바람에 대해 솔직하고 직접적으로 이야기한다.
- 친구의 세 가지 진심 어린 몸짓을 지각하고 인지한다.

인간애 관련 강점의 증진 방법

사랑을 증진하는 방법

- 누군가가 나를 칭찬하면 어색해하거나 주저하지 말고 '고맙다'고 말하며 칭찬을 받아들인다.
- 사랑하는 사람에게 나의 애정을 표현하는 간단한 메모를 적는다. 그리고 그것을 볼 수 있는 곳에 놓아둔다.
- 가장 친한 친구에게 그가 정말 좋아할 수 있는 어떤 일을 해 본다.
- 사랑하는 사람에게 어떠한 일이든지 언어적 또는 비언어적으로 표현함으로써 무조건적인 사랑을 경험해 보도록 한다.
- 포옹이나 키스와 같은 신체적 동작을 통해 사랑을 표현해 본다.
- 사랑하는 사람의 행동보다는 내재된 동기에 집중한다.
- 사랑하는 사람의 강점을 찾아내어 높이 평가해 준다.
- 나와 연인의 강점을 모두 축하해 주는 데이트 약속을 잡는다.
- 선물을 통해 사랑을 표현해 본다. 가능하다면 선물을 직접 만들어 본다.

- 서로에게 중요한 날이나 일이 있으면 항상 축하해 준다.
- 시나 그림, 사진과 같은 창의적인 방식으로 사랑을 표현한다.
- 사랑하는 사람의 자기계발 계획(체중감량, 운동, 경력 쌓기)을 돕는다.
- 나에게 중요한 사람들을 초대하여 저녁식사를 대접할 계획을 세운다.
- 하루를 어떻게 지냈는지 서로 이야기한다.
- 사랑하는 사람과 콘서트, 연극, 영화를 보러 가거나 취미 활동을 함께 한다.

친절성 혹은 이타성 증진 방법

- 병원이나 요양원에 있는 누군가를 방문하여 위로한다.
- 운전을 하면서 보행자에게 양보한다. 보행을 할 때는 운전자에게 양보한다.
- 친구나 가족을 위해 매주 세 가지 다른 친절한 행동을 한다.
- 내가 모르는 사람을 위해 매주 한 가지 친절한 행동을 한다.
- 정기적으로 헌혈을 한다.
- 친구에게 저녁을 사 준다.
- 이메일을 쓰거나 편지를 쓸 때, 또는 전화를 할 때 좀 더 친절하고 부드럽게 말한다.
- 사랑하는 사람을 위해 요리를 한다.
- 내가 가진 물건들을 다른 사람들과 공유한다.
- 소유품 중에서 절대적으로 필요한 것만 남기고 나머지는 기부한다.
- 다른 사람에게 친절을 베풂으로써 시간을 기부한다.
- 다른 사람들에게 웃으며 인사한다.
- 운전 중 다른 사람에게 양보하거나 문을 잡아준다.
- 내가 고장을 내지 않았더라도 고장 난 공공물품을 수리한다.

용기 관련 강점의 증진 방법

용감성 증진 방법

- 여러 사람들(집단)에게 나의 독특한(색다른, 인기가 없을 수 있는) 생각을 말해 본다.
- 분명히 정당하지 않은 것을 나에게 지키도록 요구하는 기관이나 권위자에게 항의한다.
- 두렵기 때문에 내가 평소에 하지 않았던 일들을 해 본다.
- 고결한 가치와 목적을 위해 사회적인 혹은 또래의 압력에 의미 있는 방식(글쓰기, 연설하기, 집회 참석하기)으로 저항한다.
- 건설적인 사회적 변화를 위해 작지만 실천적인 단계를 밟는다.
- 불의, 권력남용, 비윤리적인 처사 등을 적합한 기관에 보고한다.
- 스스로를 방어할 수 없는 누군가를 보호해 주거나 변호해 준다.
- 자신이 일반적으로 직면하기 어려워하는 부분을 확인한다. 다음번에 효과적으로 그 상황에 직면하는 데 도움이 되는 말투, 어조, 동작을 연습한다.
- 주위의 용감한 이야기들을 모은다.
- 익숙하지 않지만 긍정적인 행동을 해 보는 것을 두려워하지 않는다.

끈기 증진 방법

- 해야 할 일들의 목록을 만들어보고, 매일 그 목록에 있는 일들을 하나씩 해 본다.
- 중요한 일들을 계획한 것보다 일찍 완성해 본다.
- 쉬지 않고 계속 여러 시간 동안 일(공부)을 해 본다. 예를 들어, TV

를 보지 않거나 전화를 받지 않거나, 간식을 먹지 않거나 이메일을 확인하지 않으면서 한 가지 일을 계속해 본다.

- 몰입과 의미를 경험한 두 가지 활동을 선택하여 그것에 100%를 투자한다.
- 매주 5가지 작은 목표를 정한다. 이를 실천적인 단계로 나누어 정해진 시간에 끝마치고 매주 그 과정을 모니터한다.
- 가장 중요한 목표의 경우 평소보다 더 열심히 일(공부)한다.
- 끈기의 모범이 되는 역할 모델을 정해서 어떻게 하면 그 사람을 닮아갈 수 있을지 생각해 본다.
- 목표 완수를 고취시키는 인용문이나 시구를 읽는다.
- 이른 봄에 꽃을 심어 여름 내내 돌본다.
- 자신의 목적과 목표를 쓴 뒤 이를 정기적으로 볼 수 있는 곳에 붙인다.
- 해야 할 일의 목록을 체크하고 정기적으로 업데이트한다.
- 사랑하는 사람과 자신의 목표를 공유하고 주기적으로 나를 고무시키도록 한다.
- 5년 내로 이루고 싶은 것에 대해 생각해 본다. 로드맵을 발전시키고, 현재 내가 지닌 기술과 지식이 앞으로의 목표에 어떻게 합치될 수 있는지 검토한다.

정직(진실성) 증진 방법

- 친구에게 하는 거짓말(거짓 칭찬이나 아부)을 삼간다.
- 비록 사소할지라도 거짓말하는 순간을 모니터링하고, 매일 조금씩 거짓말을 줄이도록 노력한다.
- 정직하게 충분한 정보를 제공해 주지 않는 경우(거스름돈을 더 받았음에도 불구하고 이야기하지 않는 것, 친구에게 시험 범위에 대해

알려주지 않는 것)을 모니터링해 보고, 다른 사람이 나에게 이렇게 한다면 기분이 어떨지 생각해 본다.

- 내가 가장 중요하게 여기는 가치들에 대해서 생각해 보고 그것과 일치하는 행동이나 일들을 매일 실행해 본다.
- 어떤 사람에게 나의 동기나 의도를 설명할 때 진솔하고 정직하게 말한다.
- 위기에 직면할 때 자신의 지위나 명성에 상관없이 진실하게 생각하고 행동한다.
- 내가 하는 일의 윤리적 기준에 대해 익히고 실천한다.
- 다른 사람들과 관계를 맺는 창의적이면서도 정직한 방식에 대해 생각해 본다.
- 진실하고 정직하며 진솔한 행동과 정직하지 못하고 위선적인 행동에 대한 만족감을 각각 평정해 본다.
- 정직하고 진실하게 행동할 수 있는 역할을 찾아본다.

절제 관련 강점 증진 방법

겸손 증진 방법

- 하루 동안 자신을 주장하거나 내세우는 말을 전혀 하지 않는다.
- 아무도 나에게 주의를 주지 않을 평범한 옷차림새를 하고 지내본다.
- 친구가 나보다 훨씬 더 잘하는 것들에 대해서 생각해 본다. 그리고 그것에 관해서 친구를 칭찬해 준다.
- 일주일 동안 내가 이룬 성취를 자랑하지 않는다. 그렇게 했을 때 대인관계에서 나타나는 변화를 살펴본다.

- 매일 저녁 사람들의 주목을 끌려고 했거나 좋은 인상을 주려고 했던 적이 있는지 돌아보고, 앞으로 그렇게 행동하지 않도록 노력한다.
- 모임에서 다른 사람들보다 말을 더 많이 하지 않도록 유의한다.
- 신뢰하는 친구에게 나의 약점에 대해 솔직한 피드백을 부탁한다.
- 나의 실수를 인정하고 상대가 나보다 어린 사람이라 하더라도 정중히 사과한다.

신중성 증진 방법

- 어떤 말을 하기 전에 한 번 더 생각해 보는 연습을 일주일에 최소한 열 번씩 해 보고 그것의 효과를 기록한다.
- 조심스럽게 운전한다. 그렇게 하더라도 생각했던 것보다 시간에 쫓기는 상황이 적다는 것을 인지한다.
- 세 가지 중요한 결정을 내리기 전에 모든 무관한 자극들을 제거한다.
- 최종 결정을 내리기 전 중요한 사람들에게 자문을 구한다.
- 내가 내릴 결정이 1년, 5년, 10년 뒤에 초래할 결과들을 상상해 본다.
- 최종 결정을 내리기 전에 위험-이익 분석을 해 본다.
- 불안하거나 우울할 때가 아니라 충분히 이완되어 있을 때 중요한 결정을 내리도록 한다.
- 사소한 거짓말을 하기 이전에, 처음 거짓말을 숨기기 위해 열 배의 거짓말이 필요할지도 모른다는 사실을 기억한다.
- 승-패 또는 패-패로 끝날 수 있는 경쟁 상황을 피한다.
- 중요한 일과 관련된 모든 세부 사항들을 확실히 하기 위해 필요한 점검을 주저하지 않는다.

자기통제력 증진 방법

- 운동프로그램을 시작하고 일주인 동안 매일 운동을 해 본다.
- 다른 사람에 대한 험담이나 비난을 하지 않도록 노력한다.
- 짜증이나 화가 날 때 10까지 숫자를 세어본다. 필요하면 한 번 더 반복한다.
- 일상생활을 향상시키기 위한 목표(방 청소, 설거지, 빨래)를 설정하고 이를 완수한다.
- 특정한 일에 집중할 때 주의를 흩뜨리는 자극(전화, 컴퓨터, TV)을 찾아 제거한다.
- 유혹의 대상을 제거한다(예: 다이어트 시에는 정크푸드 먹지 않기, 쇼핑할 때는 카드나 돈을 집에 두고 외출하기, 금연하고자 할 때는 담배를 껌으로 바꾸기).
- 규칙적인 생활을 시작하고 이를 고수한다.
- 성공적으로 자기조절을 했을 때 이를 자축한다.
- 철저히 체계적으로 따를 수 있는 일상적인 틀을 구축하고 핵심적인 요소는 늘 지키도록 한다.
- 주요 활동을 할 수 있는 규칙적인 시간과 장소를 정한다.
- 역할 모델을 정하고 배울 점을 찾아 자신의 목표를 조절하는 데 적용한다.
- 생체 리듬을 파악해서 가장 민첩할 때 가장 중요한 일을 하도록 한다.
- 편안한 자극을 잠시 중지한 뒤, 중요한 일을 성취한 다음에 이를 보상으로 주도록 한다(예: 과제를 마치고 나서 TV 보기).

정의 관련 강점

시민정신 증진 방법

- 공동의 일에서 내가 할 수 있는 한 최선의 협력자가 되려고 노력한다.
- 매일 5분을 할애하여 길거리의 쓰레기를 주워 휴지통에 넣는다.
- 자선단체나 봉사단체에 지원하여 돕는다.
- 집단 토의를 촉진하고 갈등적인 이슈에 대한 합의를 이끌어낸다.
- 매달 한 번은 사회적 집회에 참석한다.
- 매주 30분 정도 공공장소를 청소하는 시간을 갖는다.
- 공공장소를 꾸미고 장식해 본다.
- 내가 살고 있는 동네나 학교를 대표해 운동경기에 참석한다.
- 정기적으로 누군가를 차에 태워 주거나 카풀을 한다.
- 헌혈을 하거나 장기를 기증한다.
- 이웃에 사는 어르신들에게 필요한 것이 없는지 여쭙고 돕는다.
- 이웃을 위해 쓰레기나 눈을 치워준다.

공정성 증진 방법

- 적어도 하루에 한 번씩 실수를 인정하고 그것에 대한 책임의식을 느껴 본다.
- 적어도 하루에 한 번씩 내가 싫어하는 사람의 장점을 생각한다.
- 다른 사람이 주장하는 것을 간섭하지 않은 채로 끝까지 경청한다.
- 모든 사람들의 동등한 참여를 격려한다. 특히 모임에서 소외된 사람들을 격려한다.
- 인간평등을 가르치고 홍보하는 단체에 지원한다.

- 내가 내린 판단이 개인적인 선호에 영향받은 것인지 아니면 정의와 공정이라는 원칙에 입각한 것인지 검토한다.
- 공정하지 못했던 경우를 기억하고 기록한다. 다음번에 공정한 행동을 할 수 있는 방법을 모색한다.
- 나와는 다른 사회문화적 배경을 지닌 사람들을 편견 없이 대하고 있는지 검토한다.
- 사회적 정의와 관련된 중요한 이슈에 대해 연설하거나 원고를 작성해 본다.
- 사회적인 편견을 지닌 친구와 공정성에 대해 정중한 대화를 시도한다.
- 현재 전 세계에서 인권이 침해되고 있는 사건을 찾아보고, 이와 관련해서 사회적 정의를 실현할 수 있는 방법을 제안해 본다.
- 공정성, 사회적 정의, 공평의 예를 보여주는 다큐멘터리나 영화를 관람한다.
- 간디, 마틴 루터 킹, 넬슨 만델라와 같이 몸소 사회적 정의를 위해 노력한 저명인사들에 관한 전기를 읽는다.

지도력 증진 방법

- 친구들을 위해서 사교적인 모임을 주선해 본다.
- 내가 속한 팀이 잘 해내고 있지 못한 과제에 대해서 책임을 지고 그것이 잘 해결되도록 노력해 본다.
- 새로운 사람이 환영받는다는 느낌을 갖도록 행동해 본다.
- 활동이나 임무 또는 프로젝트를 이끌고 집단 구성원들의 의견을 적극적으로 유도한다.
- 어린이부터 조부모까지 전 세대를 아우르는 가족 모임을 만든다.

- 일하는 곳에서 동료들이 참여할 수 있는 이벤트(깜짝 생일파티)를 조직한다.
- 불평등한 대우를 받는 사람을 변호해 준다.
- 어떤 활동이나 조직의 리더십을 교대해 봄으로써, 다른 사람들에게 리더의 기회를 제공한다.
- 내가 좋아하는 리더에 관한 전기나 영화를 보고, 적용 방법을 모색한다.
- 두 사람이 논쟁을 벌일 때, 그들이 생각을 공유하고 문제를 해결할 수 있도록 중재한다.
- 지역 정치 캠페인에 참여한다.
- 자신의 리더십 스타일을 개선할 수 있는 가능한 방법들의 목록을 작성해 본다.

초월 관련 강점

감상력 증진 방법

- 나에게 익숙하지 않은 미술관이나 박물관을 찾아간다.
- 매일 내가 본 아름다운 것들을 기록하는 '아름다움 일지'를 만들어 작성해 본다.
- 적어도 하루에 한 번씩 잠시 멈추어 자연의 아름다움(예: 일출, 일몰, 식물이나 꽃, 노래하는 새)을 느껴본다.
- 주위 환경을 미적으로 아름답게 꾸민다.
- 주위 사람이 지닌 성격강점의 탁월함을 알아차리고 존경해 준다.
- 음악을 듣거나 영화를 본 뒤 미적 감동을 평가한다.

- 다른 사람의 예술적 표현에 대해 감상평을 작성해 본다.
- 건축물, 의상, 조각, 공예 시 등을 감상하고 음미한다.
- 자연풍광이나 사랑하는 사람의 사진을 찍고 이를 컴퓨터 바탕화면에 깔아둔다.
- 매주 다른 사람들의 선한 행동이 내 삶에 어떠한 영향을 미쳤는지 돌아본다.
- 하루에 한 번 색상, 소리, 향, 이미지, 관념, 풍미, 감각 또는 단어를 통해 표현된 탁월함, 아름다움 그리고 기쁨을 경험해 본다.
- 다른 사람의 성격강점을 찾아보고 이에 대해 경외감을 갖는다.
- 계절의 민감한 변화를 알아차린다.

감사 증진 방법

- 내가 하루 동안 '고마워요'라는 말을 얼마나 많이 하는지 되새겨본다. 그리고 일주일 동안 매일 그 수를 증가시킨다.
- 매일 저녁 하루 동안 잘 이루어진 일들을 세 가지씩 적어 본다.
- 과거에 은혜를 입었던 일을 떠올리고 감사의 편지를 써서 보낸다.
- 매일 내가 당연히 여겼던 작지만 중요한 것 하나를 선택해서 그것의 소중함을 잊지 않도록 유념한다.
- 단순히 '고맙다'고 말하지 않고 좀 더 구체적이고 상세하게 고마움을 표현한다.
- 매일 아침 일어날 때 느끼는 걱정 세 가지를 적어둔다. 그리고 그날 자기 전에 하루 동안 있었던 좋았던 일 세 가지와 이유를 쓴다. 그러고 나서 좋았던 일에 비추어서 자신의 걱정을 평가해 본다.
- 매일 적어도 10분은 즐거운 경험을 향유하는 시간을 갖는다.
- 경찰관, 소방관, 우편배달부와 같은 공직자에게 감사를 표한다.

- 식사를 하기 전 내가 먹고 있는 것에 기여한 사람들에 대해 생각한다.
- 저녁 식사를 하는 동안 사랑하는 사람에게 그날 하루 좋았던 일 두 가지를 나눈다.
- 과거에 힘들었던 일 세 가지를 생각해 보고 이 일들로 인해 나타난 좋은 결과들을 확인해 본다.

희망(낙관성) 증진 방법

- 과거에 실패했던 일들을 생각해 보고 그것으로 인해 오히려 도움을 받게 된 경우를 생각해 본다.
- 다음 주, 다음 달 그리고 내년에 해야 할 목표를 적어본다.
  그다음 그러한 목표를 실현할 수 있는 구체적인 계획을 세워 본다.
- 나의 비관주의적인 생각들을 반하며 그것에 저항한다.
- 곤경과 좌절을 딛고 성공한 사람들에 대한 책을 읽는다.
- 내가 잘못 결정한 일들을 떠올려보고 나 자신을 용서한다. 다음에는 더 나은 결정을 할 수 있는 방법을 찾는다.
- 역경에 처할 때 과거에 비슷한 역경을 어떻게 극복했었는지에 집중한다.
- 매주 두 번씩 최소한 15분간 낙관적인 사고를 하는 시간을 갖는다. 그 생각들을 기록하고 이를 실현시키기 위해 필요한 행동들을 작성한다. 그 생각을 친구들과 공유하고 친구들로 하여금 조력자가 되도록 한다.
- 특히 곤경에 처할 때 주위에 낙관적이고 미래지향적인 친구들과 함께 한다.
- 과거에 성취했던 세 가지 일을 상세히 기록함으로써 이로부터 영감을 얻는다.

유머감각 증진 방법

- 매일 적어도 한 사람을 웃기거나 즐겁게 만들어 본다.
- 마술을 한 가지 배워서 친구에게 그것을 시행해 본다.
- 책이나 인터넷을 통해서 재미있는 유머나 이야기를 수집하여 즐긴다.
- 매일 시트콤이나 재미있는 쇼, 영화를 보거나 코믹만화를 읽는다.
- 우울해 있는 친구의 기분을 풀어 준다.
- 대부분의 상황 속에서 재미있고 밝은 측면을 찾는다.
- 유머감각이 탁월한 사람들과 친구가 된다.
- 어떤 사람의 흉내를 내보고 가까운 사람들과 이야기해 본다.
- 친구들과 한 달에 한 번은 볼링, 하이킹, 자전거와 같은 야외 활동을 하러 간다.
- 눈이 올 때 눈사람을 만들거나, 해변에서 발리볼을 한다.
- 친구들에게 재미있는 이메일을 보낸다.
- 애완동물과 매일 장난친다.
- 사랑하는 사람들과 불꽃놀이를 보러 간다.
- 사랑하는 사람들과 야구나 하키, 농구 게임을 하러 간다.

영성 증진 방법

- 매일 인생의 목적에 대해서 생각해 본다.
- 성스러운 존재와 관계를 맺을 수 있거나 보다 큰 그림 속에 있는 자신을 상기시켜 주는 활동을 매일 한 가지씩 한다.
- 하루를 시작하기 전에 기도를 하거나 명상을 해 본다.
- 나에게 익숙하지 않은 종교나 의식에 참석해 본다.
- 매일 하루에 30분 정도 영성이나 종교 관련 서적을 읽는다.

- 매일 내가 하는 행동이 어떠한 영적 의미를 띠는지에 주목한다. 또는 일상과 영성을 연결시키는 방법을 생각해 본다.
- 내 삶의 근본적인 목적을 탐색해 보고 그러한 목적과 나의 행동을 연관시킨다.
- 나의 영적인 신념과 훈련들이 어떻게 나와 다른 사람들과의 관계를 진실되게 연결시킬 수 있을지 생각한다.
- 나의 대표강점을 증진시켜 주는 사람들과 단체와의 유대감을 기른다.
- 내 삶에서 강한 연결감을 맺게 해 주는 경험 목록을 작성한다.

열정 증진 방법

- 일주일 동안 매일 자명종이 필요하지 않도록 일찍 잠자리에 들고 평소의 기상시간보다 일찍 일어나서 영양가 있는 아침식사를 한다.
- "왜 해야 되지?"라고 말하기보다 "왜 하지 말아야 되지?"라고 말해 본다.
- 의무적으로 해야 하는 일이 아니라 진정으로 원하는 일을 매일 해 본다.
- 이미 하고 있는 일을 지금까지와는 다른 창의적인 방식을 사용해서 보다 열정적으로 해 본다.
- 매주 최소한 2~3번 운동을 하고, 운동이 자신의 에너지 수준에 어떠한 영향을 미치는지 인식한다.
- 꼭 할 필요는 없지만 한 가지 신체적 활동을 선택해서 해 본다.
- 수면 위생(규칙적인 취침 시간, 취침 3~4시간 전에 식사, 잠자리에서 다른 일 하지 않기, 저녁 늦게 카페인 섭취하지 않기)을 점검하고 이것이 에너지 수준에 미치는 영향을 인식한다.
- 어떤 일을 하기 전에 그것을 신나고 몰입해서 할 수 있는 방법을 생각해 본다.

- 항상 하고 싶었지만 아직 하지 못했던 신체적으로 고된 활동(마라톤, 등산)에 도전해 본다.
- 합창을 하거나 악기를 연주한다.
- 댄스 클럽이나 콘서트에 참석한다.
- 매주 시트콤이나 코미디 영화를 시청한다.
- 기분 좋게 잘 웃는 친구들과 교제한다.
- 매주 한 시간 정도 야외 활동을 한다.

용서(관대성) 증진 방법

- 매일 경험한 불쾌한 분노 감정은 그날에 풀어버리고 오래도록 마음속에 담아두지 않는다.
- 분노를 느끼게 되면 정당한 분노라 할지라도 그것을 상대방에게 직설적으로 표현하기보다 서로의 관계를 해치지 않는 방법을 찾아본다.
- 용서편지를 쓴다. 나에게 불쾌한 일을 한 사람을 용서하는 편지를 써 보고, 그것을 보내지는 않지만 일주일 동안 매일 읽어 본다.
- 내가 누군가에게 잘못을 했지만 용서를 받았던 때를 기억해 본다. 이제 이 선물을 다른 사람들에게 주도록 한다.
- 누군가를 용서하기 전과 용서한 후의 내 감정을 평가해 본다.
- 가해자의 관점에서 그 사람이 나에게 왜 잘못을 저질렀는지를 이해해 본다. 그런 후 나의 반응이 가해자보다 오히려 나 자신에게 상처를 주지 않았는지 검토한다.
- 과거에 내게 잘못을 저지른 사람을 만나 그 사람을 내가 용서했다고 말해 주거나, 그것이 어렵다면 친절하게 대하려고 노력한다.
- 원한이 나 자신을 감정적으로 얼마나 고통스럽게 하는지 확인한다. 원한으로 인한 분노, 증오, 공포, 걱정, 슬픔, 불안, 질투 등과 같은

파괴적인 감정이 나의 삶에 미치는 영향에 대해 적어 본다.

- 앞으로 누군가가 나에게 잘못을 할 경우 어떻게 반응할지를 계획해 본다. 그 계획을 주기적으로 상기하고 확인함으로써 그 사람이 어떠한 잘못을 저지르더라도 내가 계획한 대로 반응할 것이라고 결심한다.

참고문헌

REFERENCE

권석만(2008). **긍정심리학**. 서울: 학지사.

권석만(2010). **인생의 2막 대학생활**. 서울: 학지사.

권석만, 유성진, 임영진, 김지영(2010). **성격강점검사-대학생 및 청년용- 전문가 지침서**. 서울: 학지사.

권석만(2011). **인간의 긍정적 성품-긍정심리학의 관점**. 서울: 학지사.

김광수(1999). 용서교육 프로그램 개발. 서울대학교 대학원 박사학위논문.

김광수(2007). **용서의 심리와 교육프로그램**. 경기: 한국학술정보(주).

김용욱(2009). **몰입, 이렇게 하라**. 경기: 물푸레.

김주환(2012). **회복탄력성**. 서울: 위즈덤하우스.

김한태(2004). 다시 만들어 가는 아름다운 내 인생. **대안교육 프로그램집Ⅲ**. 대전의료소년원.

박상곤, 이태복(2011). **긍정조직 혁명**. 경기: 물푸레.

배제현(2001). 행복이 보이는 가족대화. **행복한 가정을 만드는 사람들, 5·6월호**, pp.20-22

배제현(2013). 창의·인성강화프로그램의 개발과 운영. 2012 역량강화대표브랜드사업 보고서, 창신대학교.

배제현, 정경용(2013). 긍정심리강화 프로그램이 대학생의 행복감 증진에 미치는 효과. **한국기독교상담학회지, 24**(3), 113-147.

배제현(2016). **행복연습**. 경남: 이레웍스.

석은옥(2011). **해피라이프**. 서울: 문학동네.

오제은(2009). **자기사랑노트**. 서울: 샨티.

우문식(2012). **긍정심리학의 행복**. 경기: 물푸레.

윤성민(2011). 행복증진 긍정심리개입활동들의 효과. 아주대학교 대학원 심리학과 박사학위논문.

정동섭(2016). **행복의 심리학**. 서울: 학지사.

주용주, 신민주(2016). **행복하이소**. 서울: 동문사.

최인철(2018). **굿 라이프**. 서울: 21세기북스.

탈벤-샤하르(2010). **완벽의 추구**. 노혜숙 역. 경기: 위즈덤하우스.

Baumgardner, S. R., & Crothers, M. K.(2009). **긍정심리학**. 안신호, 이진환, 신현정, 홍창희, 정영숙, 이재식, 서수균, 김비아 공역(2010). 서울: 시그마프레스.

Bryant F. B., & Veroff. J.(2007). **인생을 향유하기**. 권석만, 임영진, 하승수, 임선영, 조현석 공역(2010). 서울: 학지사.

Diener, R. B.(2010). **긍정심리학 코칭기술**. 우문식, 윤상운 공역(2011). 경기: 물푸레.

Enright, R. D.(2001). **용서치유**. 채규만 역(2004). 서울: 학지사.

Hehl, F. J., & Ruch, W. (1985). The location of sense of humor within comprehensive personality spaces: An exploratory study. *personality and Individual Differences, 6*(6), 703-715.

Joseph, S., & Linley, P. A.(2006). **긍정심리치료**. 이훈진, 김환, 박세란 공역(2009). 서울: 학지사.

Lopez, S. J.(2008). **역경을 통해 성장하기**. 권석만, 박선영, 하현주 공역(2011). 서울: 학지사.

Lopez, S. J.(2008). **인간의 번영 추구하기**. 권석만, 임영진, 신우승 공역(2011). 서울: 학지사.

Lopez, S. J.(2008). **인간의 강점 발견하기**. 권석만, 정지현 공역(2011). 서울: 학지사.

Lopez, S. J.(2008). **정서적 경험 활용하기**. 권석만, 임선영, 김기환 역(2011). 서울: 학지사.

Lopez, S. J., & Snyder, C. R.(2003). **긍정심리평가**. 이희경, 이영호, 조성호, 남종호 공역(2008). 서울: 학지사.

Niemiec, R. M., & Wedding, D.(2008). **영화속의 긍정심리**. 백승화, 최혜지, 한영옥, 조동원 공역(2011). 서울: 학지사.

Orloff, J.(2011). **감정의 자유**. 이유경 역(2012). 경기: 물푸레.

Peseschkian. N.(2005). **긍정주의 심리치료**. 김희진 역(2010). 서울: 학지사.

Peterson, C.(2006). **긍정심리학 프라이머**. 문용린, 김인자, 백수현 공역(2010). 경기: 물푸레.

Rashid, T., & Anjum, A. (2005). *340ways to use VIA character strengths*. Unpublished manuscript, University of Pennsylvania.

Reivich, K., & Shatte, A.(2003). **절대회복력**. 우문식, 윤상운 공역(2011). 경기: 물푸레.

Seligman, M. E. P.(2004). **긍정심리학**. 김인자 역(2009). 경기: 물푸레.

Seligman, M. E. P.(2007). **낙관적인 아이**. 김세영 역(2010). 경기: 물푸레.

Seligman, M. E. P.(2011). **플로리시**. 우문식, 윤상운 공역(2011). 경기: 물푸레.

Snyder, C. R., & Lopez, S. J.(2002). **긍정심리학 핸드북**. 이희경 역(2008). 서울: 학지사.

저자소개

배제현

계명대학교 교육심리&상담(교육학박사)
대구광역시청소년종합상담실 상담부장(1990.2~1999.1)
창신대학교 유아교육과 교수(1999.3~2022.8)
창신대학교 외래교수
주)리컴퍼니 교육이사
인성교육 행복연습 강사

[저서]
쉽게 풀어쓴 교육학개론, 교육심리학, 활동중심 인간관계론

행복연습을 위한
궁정심리 워크북

초판 1쇄 발행 / 2019년 1월 31일
초판 3쇄 발행 / 2026년 2월 6일

저 자 / 배 제 현
발행인 / 이 중 수
발행처 / **동 문 사**

서울특별시 서대문구 홍제원 1길 12
(홍제동 137-8)
Tel : 02)736-3718(대), 736-3710, 3720
Fax : 02)736-3719
등록번호 : 1974.04.27. 제9-17호
가격 : 15,000원

ISBN : 979-11-6328-028-6(93370)
E-mail : dong736@naver.com
www.dongmunsa.com